일의 천재들

일의 천재들

팀원을 성장시키는
여섯 가지 강점 발굴법

THE
6 TYPES
of
WORKING
GENIUS

패트릭 렌시오니 지음
김미정 옮김

한국경제신문

아들 매슈Matthew에게 이 책을 바친다.
아들의 통찰이 없었다면 이 프로젝트는 이뤄지지 않았을 것이며,
그리 재미있지 않았을 것이다.

"《일의 천재들》만큼 놀라운 깨달음의 순간을 준 책은 없었다. 이 책 덕분에 수년간 품었던 의문에서 비로소 해방감을 느꼈다."

– 마이클 하이엇 Michael Hyatt, 〈뉴욕타임스〉 베스트셀러 작가

"10분간의 간단한 평가로 업무와 직원에 대한 사고방식이 완전히 바뀌었다."

– 앤드루 라푼 Andrew Laffoon, 믹스북 최고경영자

"이 모델이 얼마나 도움이 되는지 말로 다 표현할 수 없다. 업무를 성공적으로 실행하기 위한 진정한 게임 체인저다."

– 스테퍼니 컬브레스 Stephanie Culbreth, 업무 실행 컨설턴트

"직원들이 일에서 성취감을 찾도록 돕는 것이 중요하다고 생각하는가? 그렇다면 렌시오니의 업무 천재성 개념을 조직에 적용해보라."

– 보비 에레라 Bobby Herrera, 파플러스그룹 대표

"업무 천재성 개념 덕분에 몰랐던 내 안의 천재성을 깨달으면서, 이제는 계획적으로 좋아하는 일에 시간을 할애할 수 있게 됐다. 삶과 일이 너무나 만족스러워졌다!"

– 스테이시 러튼Stacy Rutten, 버펄로-하노버-몬트로즈 교육구 직무능력 개발 코치

"업무에 관한 천재성, 역량, 좌절 영역을 이해하는 것은 그 어떤 성격 검사 결과보다 나에 대해 많은 것을 알려줬다. 이 모델 덕분에 20년 넘게 교직 생활을 하면서 조직한 프로젝트 중 가장 생산적인 결과를 얻었다."

– 앨 에인스워스AI Ainsworth, 노스포인트크리스천스쿨 10학년 교사

"각 개인이 팀에 기여할 수 있는 정도를 파악하는 데 매우 효과적인 도구다."

– 셀리타 잰슨Selita Jansen, 트루노스컴퍼니스 오퍼레이션 리더십

"이 매력적인 책에서 패트릭 렌시오니는 내면의 천재성을 발휘

할 때 일이 얼마나 쉽게 흘러가는지 보여준다."

– 스티브 스트라우스Steve Strauss, 〈USA투데이〉 칼럼니스트

"업무 천재성 개념은 팀의 효율성에 대한 인식 전체를 완전히 다시 구성해준다."

– 마크 스터키Mark Stuckey, 솔랭코 교육구 고등학교 교감

"업무 천재성 개념은 자원봉사자들과의 소통 방식을 변화시켰다. 또한 그들의 삶을 더욱 가치 있게 하는 통찰력을 선물하고 봉사 참여에도 도움을 줬다. 나는 자원봉사자를 배치할 때도 천재성을 참고하려 노력하고 있다."

– 카먼 할시Carmen Halsey, 일리노이침례교 총회 리더십 개발 담당 이사

"렌시오니는 특유의 우아함으로, 팀원들을 이해하고 업무에 참여시키는 데 도움이 되는 간단한 도구를 소개한다.《일의 천재들》은 관리자들이 직원들을 긍정적으로 변화시키고, 개인적으로

나 업무적으로나 생산성이 올라가도록 이끄는 데 힘을 실어줄 것
이다."

– 샘 와인스타인 Sam Weinstein, 스페셜티케어㈜ CEO

"전작인 《팀워크의 부활》은 서티타이거스가 남다른 문화를 형
성하는 데 도움이 됐다. 이번 책도 아주 재미있게 읽었다. 여기서
얻은 통찰을 회사 운영에 어떻게 적용할지 여러 가지로 고민하고
있다."

– 데이비드 마시어스 David Macias, 서티타이거스 공동설립자 겸 대표

"이 혁신적인 책은 '최고의 팀과 조직에는 의도적으로 팀원들
의 장점 또는 천재성을 발견하고 존중하며 활용하는 리더가 있
다'는 리더십에 대한 우리의 진보적인 이해와 완벽하게 일치한다.
간단하고 실행 가능한 이 프레임워크를 우리 팀에 얼른 사용해보
고 싶다."

– 제니퍼 매콜럼 Jennifer McCollum, 링키지㈜ CEO

"수년간 결혼 생활과 사업을 함께 해오면서, 아내가 내 모든 아이디어를 싫어하는 건 아닌지 의문이었다. 《일의 천재들》을 읽기 전까지는 아내의 판별력을 보완해야 할 요소가 아니라 갈등 요인으로 봤다. 업무 천재성 평가를 받은 것은 최고의 결혼기념일 선물이었다!"

– 히스 엘런버거 Heath Ellenberger, 오렌지시어리피트니스 운영 파트너

"항상 창의적이고 독창적이어야 한다는 압박감을 끊임없이 느끼며 살아왔고 그 부분에서 좋은 평가를 받지 못한다고 생각했다. 그러나 이는 나의 타고난 천재성이 아니며 내가 활용할 수 있는 다른 천재성이 있다는 사실을 이해하고 나니 참으로 안심이 된다."

– 케빈 트라넬 Kevin Tranel, 더채플 교목

"당신의 천재성에 일을 맞추면 삶이 변화할 것이다."

– 엘런 트워미 Ellen Twomey, 팟캐스트 〈You are techY〉 설립자

"지금껏 봐온 개인과 팀의 에너지, 이해력, 생산성을 신속히 향상해주는 도구들 가운데 가장 단순하고 유용하다."

– 베이츠 앨하이트 Bates Alheit, 컨버전스3 수석 컨설턴트

"패트릭 렌시오니가 또 해냈다! 그는 《일의 천재들》에서 이야기의 힘을 빌려 독자를 끌어들인 다음 리더들에게 중요한 조치를 말한다. 조직의 이익만이 아니라 직원들이 더 성취감 있는 삶 속에서 직접적 혜택을 누리도록, 타고난 천재성을 펼치고 활용하게 도와주라는 것이다."

– 켈리 골드스미스 Kelly Goldsmith 박사, 밴더빌트대학교 마케팅 교수

차례

1부   평범했던 그는 어떻게 일의 천재가 됐을까

일도 인생도 괴롭다면

남의 일 말고 나의 일 찾기

여섯 가지 업무 천재성의 탄생

2부   내 안의 천재성을 찾아서

이 책은 부정할 수 없는 두 가지 진실을 기반으로 하고 있다.

첫째, 타고난 천재성을 활용하는 사람은 그렇지 않은 사람보다 훨씬 더 성취감을 느끼고 성공한다.

둘째, 구성원들이 타고난 천재성을 활용하도록 돕는 팀과 조직은 그렇지 않은 팀과 조직보다 훨씬 많은 성공을 거두고 생산성이 높다.

두 가지 다 명백한 사실임에도 불구하고 일에 관한 자신의 천재성을 제대로 이해하지 못해서 대다수의 사람들이 일에 만족을 느끼지 못하는 것이 현실이다. 그 결과 대부분의 팀이 팀원의 천재성을 십분 활용하여 진정한 잠재력을 달성하는 것과는 거리가 멀다. 우리는 '왜 아직도 이 문제를 해결하지 못했는가?'를 질문해야 한다.

노력하지 않았기 때문은 분명히 아니다. 성격과 선호도에 대한 이해를 도와주는 훌륭한 도구들은 이미 많이 나와 있다. 수년간 여러 도구를 사용해오면서, 다음과 같은 문제를 늘 안고 있었다. 각기 다른 천재성을 가진 동료들과 함께 실무상의 여러 일을 할 때 그 도구들이 어떻게 일상의 경험과 연결될 수 있을까.

기쁘게도 이 책은 바로 그 문제를 해결해준다! 자신의 독특한 천재성을 신속히 이해하게 해주는 틀을 제공할 뿐만 아니라 여기서 제시하는 새 모델을 활용해 어떤 종류의 일이 어떻게 처리되는지 알 수 있다. 다시 말해 이것은 성격 모델이자 생산성 도구다.

솔직히 어느 날 작정하고 앉아 처음부터 계획적으로 이 문제를 해결하려고 했던 건 아니다. 대부분 도구가 우연히 탄생했다. 직장에서 내가 기쁨과 심한 짜증 사이를 오가는 감정 기복과 씨름하고 있을 때 "왜 이러는 거예요?"라는 중요한 질문을 해준 사람

덕분이었다(고마워요, 에이미!). 그 질문은 나를 비난하거나 심판하는 질문이 아니었다. 호기심과 더불어 왜 내가 차린 회사에서 좋은 친구들과 정말 좋아하는 일을 하면서 너무나 자주 좌절하는지 이해하게 해주려는 열망에서 던진 순수한 질문이었다. 이에 대답하려 했을 뿐 책에 제시한 모델이 나오게 될 줄은 몰랐다. 또한 그것이 우리 더테이블그룹The Table Group에서 했던 다른 어떤 작업보다 실질적이고 즉각적으로 나를 포함한 사람들의 삶을 변화시켰다는 평가를 바로 받을 유용한 도구일 줄도 전혀 몰랐다.

일에서 더욱 많은 기쁨을 얻었다는 이야기부터 배우자나 자녀를 잘 이해하게 됐고, 팀원들의 타고난 천재성에 따라 팀을 재정비했다는 이야기까지……. 업무 천재성 모델과 평가 덕분에 즉각적이고 지속적인 안도감을 찾은 사람들이 들려준 소식에 기쁨을 감출 수 없다.

내가 쓴 다른 여러 책들과 마찬가지로 앞부분은 업무 천재성과 적용에 관한 허구적인(하지만 현실적인) 이야기다.

두 번째 부분은 업무 천재성 모델 자체를 다루고 있다. 이 책이 당신, 그리고 함께 일하는 사람들이 모두 하느님이 창조하신 모습으로 살게 하는 데 도움이 되기를, 그 결과 당신의 팀과 조직, 그리고 가족까지 혜택을 받기를 기도한다.

1부

평범했던 그는
어떻게 일의 천재가
됐을까

일도 인생도
괴롭다면

내 이름은 JOB

일이 곧 삶은 아니다. 하지만 일은 삶의 막대한 부분을 차지한다. 그리고 사실이 아니면 좋겠지만 수년 동안 일은 내가 원했거나 예상했던 것 이상으로 삶에 좌절을 안겼다. 그러나 감사하게도 최근, 내 삶이 흐트러지기 바로 직전 때맞춰 일의 영향을 더 긍정적으로 만드는 몇 가지 사실을 알아냈다.

내 소개부터 하자면, 이름은 불 브룩스Bull Brooks다. 듣는 사람의 취향에 따라 컨트리 가수나 힙합 가수 이름처럼 들릴 것이다. 진짜 이름은 제러마이아인데, 개구리가 등장하는 1970년대 노래 때문인지("제러마이아는 황소개구리Jeremiah was a bullfrog"로 시작하는 스리 도그 나이트Three Dog Night의 노래 〈Joy to the World〉를 말한다 – 옮긴이)

어릴 때 사람들이 나를 불이라고 부른 것이 그대로 굳었다. 자녀들을 제외한 모두가 나를 불이라고 부른다. 언젠가는 자녀들마저 그 별명으로 부를지 모르겠지만 지금까지는 '아빠'라고 부른다.

내 정식 이름은 제러마이아 옥타비안 브룩스Jeremiah Octavian Brooks다. 발음하기 힘든 복잡한 이름이다. 5세기에 살았던 순교자 성 옥타비아노는 직접 들은 기억은 없지만 무슨 이유로든 어머니가 좋아한 성인이었을 것이다. 이 모든 이야기에서 흥미로운 점 하나는 내 이름의 이니셜이 JOB이라는 점이다. 내가 일에 집착을 보인다고 해도 놀라지 말아야 한다.

어쨌든 나와 이상한 내 이름에 관한 내용은 이만하면 충분할 듯하다. 지금부터 일 때문에 내가 어떻게 망가질 뻔했는지, 그리고 어떤 깨달음을 얻어 거기서 벗어났는지 이야기해보겠다.

하고 싶은 일과
해야 하는 일 사이

먼저 어릴 적 내가 부모님을 보며 일을 어떻게 이해했는지 설명해야 할 것 같다.

아버지의 직업에 대해 가장 기억에 남는 점은 자유롭게 선택한 직업이 아닌 듯 보였다는 것이다. 대학 교육도 받지 못했고 비교적 소박한 마을에 사셨으니 선택지가 많지 않았을 터였다. 손해사정사는 세상에서 가장 매력적인 직업도, 최악인 직업도 아니었다(솔직히 처음으로 자동차 사고를 당하기 전까지는 그게 어떤 직업인지 완전히 이해하진 못했다). 아버지는 가족과 보낼 시간이 있었고 적어도 근무시간의 절반은 실내에서 보냈으니까.

어머니는 살림을 꾸리며 집안일을 거의 도맡아 했다. 우리에게 읽는 법을 가르치는 일이든, 학교에서 자원봉사를 하는 일이든, 청구서들을 처리하는 일이든 어머니는 자기 일을 대체로 좋아하는 듯했다. 다만 딱 하나 빨래만은 현명하고도 효율적으로 우리에게 맡겼다. 빨래를 제외하고는 일상적인 일에 불평하는 법이 없었고, 우리와 함께하는 하루하루가 기쁨이라는 말도 자주 했다. 솔직한 말이었다고 생각한다.

반면 아버지가 자신의 직업을 좋아했는지 아닌지는 뭐라 말할 수가 없다. 그게 대화의 주제가 됐던 적은 사실 없었고, 아마 고려해보지도 않았던 것 같다. 아버지가 "불, 재미있으면 일이라고 하지 않겠지"라고 말했을 때 외에는 직업에 성취감을 느꼈는지 아닌지 생각해본 적이 없었다. 아버지에게 일이란 주택 융자 상환금과 자식들의 학비를 감당하기 위해 하는 것이었다. 그것으로 충분했다.

그러나 내가 첫 일자리를 은행 창구 직원으로 구한 후, 나는 노동에 대한 아버지의 접근법을 받아들일 수 없다는 결정을 내렸다.

잔디 깎기라는 고문

아버지는 정말 좋은 분이었다. 1950년대에 '멋진 사람'이라고 불렸을 법한 분이었다. 아버지는 서글서글하고, 책임감이 강하며, 검소했다. 진정 멋진 사람이었다.

아버지가 가장 좋아하는 활동은 잔디 깎기로, 토요일 아침마다 치르는 의식이기도 했다. 물론 잔디만 깎으면 끝나는 게 아니었다. 주로 아버지 몫이었던 잔디 깎기는 재미있는 활동이었지만, 그다음 깎아낸 잔디를 갈퀴질해서 모으고, 잡초를 손으로 뽑거나 괭이로 파내고, 쓸어 담기까지 해야 했다. 고압 호스로 물을 뿌려 진입로와 보도를 씻어내는 것으로 대단원의 막을 내렸다.

말 잘 듣는 아들이었던 나는 토요일마다 침대에서 빠져나오면

정원으로 갔다. 속으로는 TV 만화영화나 메이저리그 경기를 보고 싶은 마음이 굴뚝같았지만 꾸역꾸역 아버지의 잔디 깎기를 도왔다. 그러나 몹시 싫었다. 왜 그토록 잔디 깎기가 싫은지 이유를 제대로 이해하지 못하면서도, 아버지를 사랑했으므로 이런 마음이 드는 게 괴로웠다. 잔디 깎기는 고문이었다.

그러다 몇 달 전, 토요일 아침의 의식에 대한 좌절감이 어디서 왔는지 마침내 알게 됐다. 그것이 이 이야기의 주제다. 당시, 아니면 돌아가시기 전이라도 아버지께 그 이유를 설명할 수 있었더라면 좋았을 텐데. 그랬다면 우리 부자 사이의 불필요한 갈등을 피할 수 있었을 것이고, 어쩌면 만화영화와 야구 경기도 더 볼 수 있었을지 모른다.

죄송해요, 아버지.

직장 선배 조이의 조언

첫 정식 직장은 고등학교 3학년 때 취업한 은행이었지만 실은 10대 시절 내내 이런저런 아르바이트를 하며 돈을 벌었다.

어느 여름에는 유전油田 근처 사격장에서 동물 모양의 금속 표적을 세우는 긴장감 넘치는 일을 하기도 했다. 참호 속으로 뛰어들어가 총알이 머리 위로 날아가는 소리를 들었던 그 여름, 대학에 진학해야겠다는 동기부여가 크게 됐을 것이다.

다른 해 여름에는 옆집 사람들이 부업으로 하는 다락 단열 공사를 도왔던 기억이 난다. 43도의 더위에 밀폐된 철제 트럭 뒤에서, 손가락이 잘리지 않게 조심하며 유리 섬유를 펼치고 절단기에 넣는 힘든 일이었다. 공부가 세상에서 가장 쉽다. 내가 박사 학위까지 따지 않은 게 이상할 정도다.

그다음이 은행 일이었다. (와, 마치 그곳을 털었다는 말처럼 들릴 수도 있겠다.)

은행 창구 업무가 적성에 맞는 사람도 있겠지만 나는 확실히 맞지 않았다. 아무리 애를 써도 늘 입출금 전표가 틀린 일이 왜 큰 일인지 결코 이해할 수 없었다. 가끔 몇 센트, 몇 달러 차이로 계산이 맞지 않을 때면 내 사비로 차액을 채워 넣겠다고 했다. 그때마다 지점장은 "그런 식으로 하면 안 돼"라고 말했고, 내가 금전 출납기의 어떤 버튼을 잘못 눌렀는지 알아내기 위해 한 시간가량 함께 고생했다.

그런데도 지점장이 나를 은행에서 계속 근무하게 해준 이유는 전부 여성인 창구 직원들이 나를 좋아했기 때문인 듯하다. 나는 창구 직원들과 고객들을 자주 웃게 해줬다. 입출금 전표를 맞추지 못한 이유에는 그런 장난기 탓도 있었을 것이다. 고객의 돈을 통에 담아 에어 슈터로 보내는 드라이브스루 창구에서 일할 때가 특히 좋았다. 고객을 웃기려고 냉장고에 있던 케첩 병 같은 것을 통에 넣어 보내고는 했다.

은행에서 일하는 동안 가장 인상 깊었던 건 바로 옆 창구에서 일하던 여직원 조이였다. 그녀는 정말 좋은 사람이었다. 결혼도 했고 자녀가 둘이나 있었던 조이는 17살 소년과 친구 되기를 기대할 사람이 아니었다. 하지만 농담에 웃어주고, 내가 자기앞수표와 송금수표의 차이를 몰라 헤맬 때는 도와주기도 하며, 인간적으로 나를 대해줬다. 나는 그녀를 믿고 따랐다.

여름이 끝나갈 무렵, 조이가 얼마나 존경스럽고 함께 일하기 즐거운 사람인지 놀라워했던 기억이 난다. 그리고 내게 해준 이야기도 잊지 못할 것이다.

"불은 나처럼 되지 마. 일로 느껴지지 않을 만큼 하고 싶은 일을 찾아." 나는 그녀의 직업이 그리 나쁘지 않다고 강력히 말했다. 그녀는 손짓으로 내 말을 막으며 "안주하지 마, 어린 친구"라고 했다. 불과 몇 년 후 그 말이 기억나며 뇌리를 떠나지 않았다.

나는 불행했고 길을 잃었다

나는 대학에 다니는 동안 남들만큼 파티에 자주 참석하지는 않았다. 넉넉하지 못한 형편에서 자랐던지라(불만은 전혀 없다), 등록금 대부분을 대주시는 부모님을 생각해 학업에 힘써야 한다는 의무감을 느꼈고 열심히 공부했다.

유감스럽게도 전공을 선택할 학기가 됐을 때 어떡해야 할지 조언을 거의 듣지 못한 채 실용성과 인문학적 성격을 다 지닌 듯한 경제학을 전공으로 정했다. 자랑하듯 남에게 내보이는 전공도(창작 댄스를 공부하는 사람들의 기분을 상하게 하고 싶지는 않지만……), 단조로운 기술 분야의 전공도(수학에 중점을 둔 전기공학이 누구에게나 재미있을 수는 없지 않은가?) 아닌 것 같아서였다. 무슨 말인지 알 것이다.

졸업할 무렵 경제학에 대해 무엇을 배웠는지 확신이 서지 않았다. 지금도 수요공급곡선이 무엇인지 말해줄 수 있는, 딱 그 정도였다. 농담이라면 좋겠지만 진짜다. 취직을 할 시기에 어떻게 해야 좋을지 잘 몰랐기에 현실적인 접근법으로 어떤 회사가 채용 중이고 연봉이 괜찮은지 알아봤다. 인정하기 부끄러우나 사실이다. 그래서 나는 은행에 취직했다.

이번에는 창구 직원은 아니었다. 그래도 은행원이었던 만큼 이런저런 재무 분석을 했는데, 그 외에는 달리 이야기할 꺼리가 없다. 그때 기억이 아예 머릿속에서 지워진 것 같다. 그도 그럴 것이 나는 은행 일이 몹시 싫었다. 나를 고용한 사람들은 내가 이 일을 좋아하고 성공할 거라고 말했다. 어쨌든 경제학을 전공했고 좋은 성적으로 졸업했으니까. 더구나 내가 다녔던 곳은 일반 은행이 아니라 투자 은행이었다. 급여도 꽤 높고, 사무실도 근사했으며, 친구들에게 나는 선망의 대상이었다.

하지만 불행했다.

인생에서 가장 길게 느껴졌던 2년 남짓한 기간 동안 나는 성공하고자 갖은 애를 썼다. 도무지 관심이 가지 않는 일이었지만 극복해보려 노력했고, 이 직장이 탄탄대로로 가는 티켓임을 확신하기 위해 내가 가진 절제력과 지적 능력을 전부 동원했다. 그러느라 몸도 마음도 힘들어졌고, 더 이상은 버틸 수 없었다. 마침내 투자 은행에서 성공할 수 있으리라는 희망을 버리기로 결심한 순간, 상사가 나에 대한 희망을 거두는 자비를 베풀었다. 나는 다리가 부러진 말 같긴 했지만 불행에서 벗어날 수 있어 진심으로 안도했다.

　그러나 나아갈 길도 잃었다.

잠시 불을 껐을 뿐

마음을 추스르고 이력서를 다시 준비한 뒤 좀 더 냉철히 판단해 새 직장을 찾기로 했다. 그래서 내가 결국 어디에 취직했는지 말해주면, 아마 다들 믿지 못할 것이다. 나는 다른 은행에서 일하게 됐다.

정신 나간 인간이나 사서 고생하는 인간으로 취급당하기 전에, 얼른 내가 은행의 기본 업무를 하게 된 것은 아니라고 밝혀야겠다. 나는 마케팅 일을 했다. 괴로웠던 은행 기본 업무에서 벗어날 수 있어 얼마나 다행이었는지 모른다. 마케팅 업무가 적성에 더 맞을 거라는 확신도 있었다. 그러나 불행히도 새로운 직무는 이전 직무만큼이나 고역으로 판명됐다.

나는 한 해가 채 지나기 전에 당시의 여자친구, 지금의 아내인 애나에게 직장 일 때문에 얼마나 미치겠는지 끊임없이 불평을 늘어놨다. 그때나 지금이나 애나는 인내심이 강한 여자였지만 도돌이표 같은 내 직장 고민을 들어주는 데 조금씩 지쳐가는 게 느껴졌다. 그녀는 "당신이 정말 좋아하는 일을 찾아야 해"라고 몇 번이나 권했다.

애나는 고객사를 위해 행사를 준비해주는 회사에 다녔다. 몹시 힘든 일인 데다 1년의 절반이나 출장을 다녀야 했는데도, 그녀는 출장은 지겨워할망정 자기 일을 좋아하는 듯했다. 업무에 대한 불평은 전혀 하지 않았다. 더 중요한 사실은 그녀에겐 월요병이 없었다는 것이다.

월요병 등장

아마 모두 겪어본 적 있을 것이다. 일요일 밤 미식축구 중계를 보다가 또는 다른 일을 하던 도중에 문득 다시 출근해야 할 시간이 열두 시간밖에 남지 않았음을 깨달을 때 드는 감정 말이다. 나는 투자 은행에서 일할 때 느꼈던 그 감정을 마케팅 일을 하면서도 또 느꼈다.

그것도 모자라 주말에 우울감이 드는 시간이 점점 앞당겨지기 시작했다. 이따금 토요일 밤에 애나와 데이트를 하러 나갔다가 정확히 꼬집어 말할 수 없는 불안감이 올라왔다. 그러다 깨닫고는 했다. 바로 일 때문이었다.

내가 특별히 나쁜 회사를 선택한 것은 아닌지 궁금할 것이다.

나 역시 같은 생각을 했지만, 돌이켜보면 처음에 다녔던 두 회사와 함께 일했던 상사들은 모두 사실 평균을 약간 웃도는 쪽이었다. 그들은 기대 이상으로 신경을 써줬고, 자기 일을 정말로 좋아했으며, 나도 그 일을 좋아하기를 바랐다.

단지 내가 그 일을 좋아하지 않았을 뿐이다. 그래서 나는 당황스러웠다.

왜 나는 이 일을 좋아할까

그때는 일이 싫은 마음을 없앨 수만 있다면 무엇이든 하고 싶었다. 자기 일을 좋아하는 게 확실한 몇몇 사람들과 이야기를 나눠보기도 했는데, 한 행복한 변호사를 만난 후 나는 그가 제정신이 아니라고 결론 내렸다(농담이다). 그 사람 말고도 자신의 일을 좋아하는 경영 컨설턴트, 교사, 컴퓨터 프로그래머와 만나 이야기를 나눴다.

그런데 그들에게 자기 직업의 어떤 점을 좋아하는지 물었을 때 돌아온 대답이 잘 이해가 되지 않았다. 막연하게 법, 사업, 교육, 기술에 관해 말했지만 그다지 와닿지 않았고, 내게 뭔가 문제가 있다는 생각이 들면서 평생 불행한 직장 생활을 해야 할 운명인가 싶었다. 심지어 교통사고로 차가 망가져서 만나게 된 손해사 정사조차 이유를 제대로 말하지는 못했지만 자신이 하는 일을 아주 좋아하는 듯했다.

알아내려 해도 일을 즐길 수 있는 비결에 좀처럼 가까이 가지 못하고 핵심에서 비켜있는 것 같았다. 대수롭지 않게 여길 일이 아니었다. 나는 가벼운 우울증에 빠졌다. 우울증에 대해 조금이라도 지식이 있는 사람이라면 가벼운 우울증이라 해도 얼마나 끔찍한지 알 것이다. 그러던 어느 날, 감사하게도 회사에서 한 광고대행사와 회의를 하게 됐다.

우리는 새로운 퇴직연금 상품 같은 지루한 건의 광고를 준비하는 중이었다. 30대를 대상으로 한 포커스 그룹 인터뷰(해당 조직과 관련된 사람들이나 논의 중인 주제에 관심 있는 사람들 또는 그 조직의 제품이나 서비스를 사용하는 사람들로 구성된 소수 집단을 대상으로 깊이 있는 인터뷰를 하는 평가 기법 - 옮긴이)로 고객사의 이미지를 조사하고 있었다. 진행자는 "AFS(Accelerated Financial Systems란 회사와 일하고 있었다)가 사람이고 지금 이 방에 들어온다면 어떻게 생겼을까요?"같은 질문을 던졌다. 우스꽝스러운 질문 같겠지만 나는 흥미롭다고 생각했다.

포커스 그룹 인터뷰를 끝낸 후 광고대행사의 여직원에게 회사에 관해 물었다. 그녀는 회사가 성장하는 중이라 사람을 구하고 있다고 했다.

나는 이력서를 다시 다듬어 그녀와 인사팀 직원에게 보냈고, 몇 주 후에는 칵테일 파티에서 만난 사람들에게 광고 일을 한다고 기쁘게 말할 수 있었다. 맹세코 나는 그렇게 얄팍한 사람은 아니다. 단지 "광고 일을 하고 있습니다"라고 말하는 게 즐거웠을 뿐이다.

가장 좋았던 일은 월요병이 사라졌다는 것이다.

무지해서 행복했다

26살이었지만 광고대행사의 말단으로 다시 시작해야 했기에 내 앞으로는 작은 거래처들만 배당됐다. 처음 맡았던 일 중 하나는 체험 동물원 광고였다. 농담이 아니다.

회사 사주의 친구의 사촌의 아내가 체험 동물원을 운영하는 여성과 골프를 함께 치면서 부탁받은 일이었다. 거의 공짜로 해주는 광고라, 회사에서는 제일 경험 없고 급여가 낮은 직원을 찾았다. 그게 나와 재스퍼 존스라는 친구였다. 잘못 들은 게 아니다. 재스퍼 존스, 그런 이름을 가진 사람은 처음 봤다. 그는 자기 이름이 상냥한 꼬마 유령 캐스퍼가 아니라 재스퍼임을 분명히 했고 절대 그렇게 부르지 못하게 했다. 그래서 정말로 놀리고 싶을 때면 그를 캐스퍼라고 불렀다.

어쨌거나 우리는 체험 동물원에 더 많은 '체험객'이 올 수 있도록 돕는 업무를 배정받았다. 우스운 이야기 같겠지만 솔직히 여태 해왔던 다른 어떤 일보다 그 일이 좋았다.

우리는 지역의 모든 초등학교, 유치원, 청소년 단체, 소년소녀 클럽(Boys & Girls Clubs, 청소년들에게 자발적 방과 후 프로그램을 제공하는 미국의 비영리 조직 – 옮긴이)을 조사하고 십여 명의 교장, 교사, 행정 직원들과 이야기를 나눴다. 동물원에서 나눠줄 전단지부터 티셔츠, 배지까지 전부 디자인했다. 정확히는 디자인 작업은 대부분 내가 하고 재스퍼는 전체 과정이 제대로 처리되는지 확인했다.

동료들은 이 건을 라마 프로젝트라고 부르며 무자비하게 놀렸다. 나는 시시한 업무인 척 장단 맞추면서도 불평하지는 않았다.

우리는 그해 대부분을 회사에서 중요도가 낮은 고객들의 잡다한 일을 처리하는 데 썼다. 대개 신문 광고를 준비하거나 길거리에서 전단지 나눠줄 사람을 고용하거나 작은 업체의 커피잔과 간판 디자인을 돕는 업무였다. 하지만 어째서인지 언짢지가 않았다. 이유는 몰랐다. 신경 쓰지도 않았다. 나도 애나도 더 행복했고, 재스퍼도 행복했다. 그런데 이유가 뭐가 됐든 무슨 상관인가?

그러나 몇 년 후 나는 그 이유에 주의를 기울여야 했음을 깨달았다.

순조롭다고 방심하지 말 것

그 후 2, 3년 동안 내 삶은 고된 업무와 짜증에서 거의 벗어나 있었다. 얼마나 평화로웠는지!

좀 더 큰 거래처를 배당받고, 급여도 오르고, 이른바 승진 사다리에도 올랐다. 묘하게도 회사 도서관 서가에는 높이 놓인 책을 내리는 데 사용하는 사다리가 실제로 있었다.

그동안 애나와 나는 결혼을 하고 첫아들을 낳은 후 이름을 헤퍼(Heifer, 암송아지라는 뜻 – 옮긴이)라고 지었다. 애나는 우리 부자가 소와 관련된 이름을 가진 것이 귀엽다고 생각했다.

물론 진짜 그런 짓을 하지는 않았다. 아들의 이름은 매슈, 가운데 이름은 옥타비안으로 약자가 MOB이었다. 애나는 불량스러워 보일까 봐 내 가운데 이름을 쓰지 못하게 했지만 나는 그런다고 해서 어린 매슈가 갱이나 마피아의 일원으로 성장하지는 않을 거라고 설득했다.

어쨌든 삶은 순조롭게 흘러갔고 월요병이 어땠는지는 기억조차 나지 않았다. 그러다 끔찍한 일이 발생했다.

바로 승진이었다.

승진과 함께 사라진 즐거움

그렇다. 급여가 올랐고, 사무실은 근사했으며, 책임질 업무는 늘어났다. 나는 희열에 넘쳤다. 약 한 달 동안.

그 후론 거의 알아차릴 수 없을 정도로 서서히 직장에서의 즐거움이 사라져갔다. 언젠가부터 하루하루 만족감이 떨어졌다. 여기서 문제가 발생하고, 저기서 대화가 필요하고, 불쑥 까다로운 고객이 등장했다. 어느 일요일 저녁 애나와 함께 영화를 보는 동안 약간 불안해지는 걸 느끼며 '무슨 일이지?' 싶었다.

물론 애나에게는 감히 어떤 말도 하지 못했다. 당시 아내는 파트타임으로 일하면서 둘째를 가지려 노력하고 있었다. 안정된 직장 생활이 필요한 상황이었다. 그래서 나는 불현듯 찾아온 이 불안감을 일시적이고 사소한 딸꾹질로 치부했다. 이건 직장이란 마법의 땅을 향한 끝없는 길에 등장한 작은 장애물일 뿐이라고.

얼마 후 연례 업무 평가 시기가 왔다. 새로운 직책을 맡은 지두 달밖에 안 된 터라 그걸 받아야 하는지도 잘 몰랐다. 어쨌든 평가를 받아야 했고 결과가 좋지 않았다.

정확히 엉망진창은 아니었다. 그러나 거의 모든 평가 영역에서 '기대 충족' 등급을 받은 데다 심지어 몇 영역은 '기대에 부응하려면 노력 필요' 등급에 들었다. 나는 화가 났다. 학창 시절에도 B-보다 낮은 점수를 받은 적은 없었다. 비록 은행 업무나 재무에는 뛰어나지 못했어도 광고 일은 좋아했다. 이 업무 평가는 나의 경력 그래프상 심각한 오점이었다.

상사인 채즈 웨스터필드 3세(그의 성격에 딱 들어맞는 이름이었다)는 내가 새로운 직책을 맡은 탓에 '평범한' 고과를 받았을 것이라며 나를 "대충 봐주고 퇴보하게 놔두기보다 다그쳐서라도 발전하게 만들겠다"라고 말했다.

"저는 퇴보하지 않을 겁니다. 하지만 그저 이 평가 결과가 좀 놀랍네요."

그는 건성으로 나를 위로하려 했다. "음, 불은 전반적으로 기대에 부응하고 있습니다."

"이런, 그건 기대치가 너무 낮은 거죠. 그런데 문제가 어디에 있는지 모르겠습니다. 제 고객들은 다 만족하는데 말입니다."

"불은 만족합니까?"

나는 반사적으로 대답했다. "네, 만족합니다. 제가 불만족스러워 보이나요? 저는……."

채즈가 고개를 저으며 말을 끊었다. "불은 만족스러워 보이지 않아요." 지적을 듣고 놀라 내가 생각에 빠진 동안 잠시 입을 다물었던 그가 말을 이어갔다. "그리고 불의 팀원들도 그리 즐거워 보이지 않습니다."

나는 방어적인 태도로 반박했다. "제 팀원들이 별로 즐거워 보이지 않는다고요? 무슨 뜻입니까? 그걸 누가 어떻게 안다고……."

그가 또 내 말을 끊었다. "내가 물어봤습니다."

입이 얼어붙었다. 무슨 말을 할 수 있었겠는가?

몇 년 후, 나중에 다시 나와 함께 일하게 된 팀원 중 하나로부터 채즈가 피드백을 잘못 전달했음을 듣게 됐다. 그들은 자신이 아니라 내 직장 생활이 즐겁지 않은 것 같다고 걱정했다는 것이다. 하지만 당시엔 그런 사실을 몰랐으므로 내가 상황 파악을 제대로 못 했고 채즈가 진실을 말하는 줄 알았다. 어쨌거나 나는 그 순간 채즈에게 좋은 감정을 느끼지 못했다.

"채즈. 그건 그렇고 이름이 대체 왜 그래요? 16살에 신탁기금과 레인지로버 차를 받았을 거만한 당신에게 딱 어울리는 이름이긴 하네요."

실제로는 이렇게 말하지 않아서 정말 다행이다. 내뱉고 싶은 마음은 굴뚝같았지만 혼란스럽고 방어적인 상태에서도 그게 사실이 아니거나 공정하지 않은 말인 건 알았다. 아마도 그는 16살이 되면서 진짜 레인지로버 차를 받았을 것이고 확실히 거만하다는 말을 들을 만했지만 내가 뭐라고 그를 판단하겠는가? 아무리 채즈를 좋아하지 않는다고 해도 내가 아는 한 그게 모두 채즈의 잘못은 아니었다.

"저기요, 채즈. 당신 말이 맞습니다. 이건 제 숙제입니다. 젠장, 저 자신과 팀에 책임을 지고 이 실망스러운 평가를 앞으로 발전하기 위한 원동력으로 삼겠습니다."

나는 이렇게 말하지도 않았다. 그랬으면 좋았을 텐데 그러지 않았다. 단지 얼굴을 찌푸리고 앉아서 애나에게 뭐라고 말해야 할지 생각했다.

업무 평가 면담을 마치고 나서 단호한 느낌의 내 이름에 걸맞게 사무실로 돌아가 조용히, 혼자서 이 상황을 처리하기로 결심했다. 그 후 여섯 달 동안 그야말로 악착같이 일했다. 당연히 집에서 보내는 시간이 줄었고, 집에 있을 때는 툴툴거렸으며, 직장에서도 마찬가지였다.

영아 산통 시기를 겨우 넘긴 뒤 아들 매슈에게 땅콩 알레르기가 있단 걸 알게 된 애나는 아이 때문에 정신이 없었다. 스트레스가 심해서 낯선 내 태도를 넘어가줄 인내심까지는 없었다. 여기서 자세히 설명하지는 않겠지만 내 불평불만이 문제를 만들었다.

아니 내가 문제를 일으키고 있었다고 해야 할까.

애나가 집에서 얼마나 힘들지 신경 써야 했지만 그러지 못했다. 자주 애나에게 퉁명스럽게 굴었으며, 심지어 매슈의 기저귀를 꼭 내가 갈아줘야 하느냐고 못마땅해했다. 내가 하는 건 고작 3~4퍼센트밖에 안 됐는데도 말이다. 이성적이지도 않고 참을성도 없이 굴었다. 이런 상태를 애나가 나보다 더 분명히 볼 수 있었겠지만 나 역시 스스로가 전혀 자랑스럽지 않았다.

몇 달 후 애나와 마침내 심각하게 대화를 나눴다. 매슈가 자는 동안 주방에서 저녁으로 햄버거와 크림소다를 먹는 중이었다. 그리고 이런 대화가 오갔다…….

나: "이런 말 하고 싶지는 않은데 또 일이 싫어졌어."

애나: (당황스러움에 소리치며) "뭐? 또!"

나: (허둥거리며) "걱정하지 마. 그렇게 심한 건 아니야. 방법을 생각해볼게."

애나: (여전히 소리치지만 정말로 화를 내지는 않으며) "그러겠지. 그런데 나 임신했어."

나: (충격받은 상태로) "뭐? 그러니까 내 말은, 정말 좋다고! 내 일은 걱정하지 마. 방법을 찾아볼게."

그 순간 일에 관한 고민은 쏙 들어가고 우리는 축하만 나눴다.

두 시간 후 침대에 누워 잠을 청하는데 일에 대한 걱정이 되살아났다. 나는 이제 식구도 늘어나는데 더 이상 짜증스러운 남편과 아빠가 되지 않겠다고 결심했다. 변화해야 한다는 것을 알았고, 그럴 수 있게 해줄 무언가가 생기기를 기도했다. 그리고 몇 달 만에 기도는 응답받았다.

헤드헌터의 전화

어느 날 오후 짜증스러운 회의를 연달아 세 번이나 참석한 후 전화 한 통을 받았다. 시내에 있는 헤드헌팅 업체 직원의 전화였다.

"한동안 당신을 지켜보고 있었습니다, 불"이라고 남자가 말을 꺼냈다.

나는 마치 스파이라도 된 기분이었다.

"이 도시의 최고 광고대행사 중 한 곳에서 당신의 이직에 관해 이야기하고 싶어 합니다. 그럴 용의가 있으신가요?"

어떻게 안 그럴 수 있겠는가? 누군가가 나를 지켜보고 있었다는데 말이다.

이틀 후 마리나 근처의 근사한 식당에서 남자 직원 한 명, 여자 직원 한 명과 점심을 먹으면서 내가 몇 년간 해온 똑같은 일을 더 흥미로운 고객들과 하면서 급여는 거의 20퍼센트 높여 받을 수 있다는 말을 들었다.

그래서 회사를 옮겼고 새 회사에 적응도 잘했다.

4일간의 적응 끝에(그렇다, 단 4일 만에) 나는 이전의 어느 직장에서보다 행복했다. 새로운 고객, 새로운 산업, 새로운 동료, 새로운 아이디어 모두가 좋았다. 회사를 옮기기만 했는데 월급이 그만큼 오른다는 것도 여전히 믿기지 않았다.

그러나 봉급은 안도감과 거의 관계가 없었다. 돈을 마다하지는 않았겠지만 내가 느끼는 안도감은 다른 무언가, 일 자체와 관련된 어떤 것 덕분이었다. 그게 무엇인지 콕 집어낼 수 없었기에 나 자신과 질문해오는 모든 사람들에게 내가 광고 일을 정말 좋아하는 게 틀림없다고 말했다.

위기는 다시 찾아온다

그로부터 7년이 흘렀다.

애나는 막 넷째 아이를 출산했다. 네 아이 중 누구에게도 소나 다른 동물을 조금이라도 연상시키는 이름을 지어주지는 않았다. 우리는 플레전트 힐이라는 멋진 동네로 이사했다. 삶이 내가 바라는 것보다 빨리 흘러가기는 했지만 일은 대체로 기쁨의 원천이었다.

그러자 고향 은행의 조이와 다른 창구 직원들이 종종 떠올랐다. 몇 년 전 부모님을 뵈러 고향에 갔을 때 그 은행의 드라이브스루 창구에서 수표를 현금으로 바꿨다(그때는 아직 그렇게 했다). 은행 안을 들여다봤더니 놀랍게도 조이가 창구에서 어떤 손님과 수다를 떨고 있었다. 그녀를 마주침으로써 안으로 들어가 지금 나는 수표를 발행하는 대신 광고 전략을 고안하면서 얼마나 행복해졌는지 말하고 싶지는 않았다. 그리고 고맙게도 그녀는 나를 보지 못했다. 그런 이야기를 나눠야 했다면 내가 너무 슬펐을 것이다. 아니면 그녀가 슬펐을까. 잘 모르겠다.

그렇게 30대 후반의 나는 좋은 남편과 아빠가 되기 위해 최선을 다하며, 10년 전에 기대할 수 있었던 것 이상으로 즐겁게 일했다. 솔직히 일에 대한 만족감을 당연하게 여겼다. 광고대행사에서 이런저런 부서장 직책을 맡으며 만사가 순조롭게 흘러가는 듯했다. 그 발표가 있던 날까지는.

합병이 불러온 참사

과거 광고계에서는 그리 드물지 않게 여러 형태의 합병과 인수가 이뤄졌다. 큰 회사가 작은 회사를 사들이고, 작은 회사가 큰 회사에서 분사해 나오는 경우가 아주 빈번했다. 그래서 우리 회사가 세계 5대 광고 회사 중 하나에 인수됐을 때도 크게 당황하지 않았다.

우리는 고객 대부분을 그대로 유지할 것이고, 그 점이 가장 중요해보였기 때문이다. 그러나 대기업의 운영 방식이 어떤 영향을 미칠지, 그것이 내게 개인적으로 무슨 의미일지 깊이 이해하지 못한 생각이었다.

지루하게 자세한 이야기를 하진 않겠지만 새 회사는 지역이 아니라 직무별로 고객 관리를 했다. 나와 같은 업종의 고객을 둔 뉴욕과 런던 지사의 동료들과 협업해야 했는데, 호텔 부서, 일상 생활용품 부서, 스포츠 부서별로 함께 일했다. 매콤달콤 바비큐 소스 부서도 있었다. 실제로 소스 부서가 있지는 않았지만 그런 식이었다.

부사장이 곳곳에 있었고 나도 그중 하나였다. 대체로 다들 선의를 품고 대하며 협조했으나, 문제는 끊임없이 그들과 만나 간접보고라인dotted line, 시너지, 부서 간 동의cross-functional buy-in, 승인 매트릭스approval matrix 같은 용어를 사용해야 한다는 것이었다. 너무 지루했고 기운이 빠졌다.

그 기간은 내 경력에서 가장 시간 낭비가 심하고 성과는 적은 듯한 시기였다. 고객 관리의 모든 단계에서 정치를 하고 승인을 받아야 했다. 이 모든 것으로부터 내 사람들을 보호할 수도 없었다. 그들 역시 각자의 직무 기술에 따라 간접보고라인을 걱정하고, 매트릭스 경영의 고통 속에서 살아남기 위해 애썼다. 누구도 간접보고 체계를 벗어날 수 없었고, 상사와 전 세계의 직무팀, 고객 중 누구를 만족시켜야 할지 고민했다. 난장판이었다.

무엇보다 최악인 부분은 이런 회사의 모델이 적어도 재무적 관점에서는 효과적으로 보인다는 것이었다. 이 거대 광고대행사는 경쟁사보다 더 높은 매출을 올리고 더 많은 신규 고객을 유치했다. 내가 뭐라고 회사의 접근 방식에 반박하겠는가? 게다가 회사

는 우리가 기대하거나 당연하다고 생각하는 액수 이상의 급여를
나와 직원들에게 지급했다.

하지만 나는 높은 급여만으로는 충분하지 않았다. 월요병이 다시 찾아왔고, 아무리 많은 돈을 번다고 해도 월요병을 다시 겪을 만한 가치의 수입은 아니라고 판단했다.

새판을 짜다

애나에게 이 사실을 숨김없이 고백해야 한다는 것을 알았지만 그녀가 무슨 말을 할지 걱정이 됐다. 그래서 우리가 좋아하는 작은 이탤리언 레스토랑으로 데려갔다. 처가의 고향이기도 한 토스카나의 작은 마을 출신 부부가 운영하는 식당이었다. 내가 그곳 음식을 좋아하기도 했지만 아내가 기분 좋은 상태에서 이야기를 하고 싶어 선택한 장소였다.

원래는 디저트가 나올 때까지 기다릴 계획이었다. 그러나 부라타 치즈를 앞에 놓고 "월요병이 도졌어"라고 불쑥 말을 꺼내버렸다. 도저히 자제할 수가 없었다.

아내가 내 말을 이해하기까지 잠시 시간이 걸렸다.

"뭐라고?" 아내의 기분이 나빠진 게 분명했다.

"맞아, 또 출근이 끔찍해지기 시작했어."

그녀는 포크를 내려놓고 숨을 들이쉬었다. "하지만 당신은 조와 재닛, 그리고 이름이 J 뭐였던 사람을 좋아하잖아." 진짜 궁금해서 물어본다거나 사실을 말한다기보다 비난에 가까웠다.

"하비에르."

"응." 아내가 감정 없이 말했다. "그 이름을 자꾸 잊어버리네."

"아마 이름이 H로 시작할 것 같아서 그렇겠지." 나는 농담을 해보려고 했다.

아내는 웃지 않았다. 미소조차 띠지 않았다. "그런가 보다. 어쨌든 당신은 그 사람들을 좋아한다고 했잖아."

나는 고개를 끄덕였다. "좋아해."

"인사팀 여직원 때문이야?"

"아니야." 나는 초조하게 웃었다. "홀리가 진짜 골칫거리긴 하지만 월요병이 생기게 할 정도는 아니야."

"그럼 뭐 때문이야?" 아내가 굳은 표정으로 물었다. 내가 잊어버리고 싶은 상황에서 단 두 번밖에 본 적 없는 표정이었다.

"모르겠어." 나는 두려운 티를 내지 않으려고 애쓰며 말했다. "관료적인 방식들의 영향도 있는 것 같아. 엄격한 승인 절차나 보고서, 창의성을 발휘하기 힘든 업무들이 나를 힘들게 해."

아내는 15초 동안 음식만 바라보며 앉아 있었다. 15초가 그렇게 길게 느껴지긴 평생 처음이었다. 마침내 심호흡을 한 번 한 아내는 얼굴을 찡그리며 고개를 살짝 끄덕일 뿐 아무 말도 하지 않았다.

"뭐야?" 내가 물었다.

"뭐가 뭐야? 뭔가 이상하다는 생각 안 들어?" 아내는 차갑게 대꾸했다. 그러고는 다시 숨을 깊이 들이쉬더니 고개를 들고 내 눈을 똑바로 바라봤다. 무언가가 달라졌다. 미묘하지만 공감하는 기색이 느껴졌다.

드디어 아내가 입을 열었다. "당신이 무슨 생각을 하는지 알 것 같아." 아내는 잠시 멈칫대다 이야기했다. "당신이 아직 어떤 생각을 하고 있는지 깨닫지 못하더라도 말이야."

아내가 대체 무슨 말을 하는지 전혀 알 수 없었지만, 정확히 나를 읽어내는 그녀의 텔레파시 능력에는 이미 익숙해져 있었다.

나는 여전히 겁을 내며 물었다. "내가 지금 무슨 생각을 하고 있는데?"

"당신이 생각해봐." 아내는 그렇게 말한 후 부라타 치즈를 한입 먹었다.

"너무해." 분위기를 풀어보려고 일부러 투덜댔지만 소용없었다. "당신이 나보다 나를 더 잘 아는걸."

주문했던 음식이 나와 정신을 파는 틈에 시간을 좀 벌었다. 그 사이 아내의 생각을 짐작해보며 용기를 끌어모았다. 파르메산 치즈가 눈사태처럼 파스타 위로 떨어지고, 치즈 강판을 든 종업원이 테이블을 떠났다. 나는 대화를 이어갔다.

"그러니까 내가 무슨 생각을 하고 있는데 당신은 그게 마음에 안 든다는 거지?"

"일부만 맞아." 아내는 뜨거운 뇨키를 조심스럽게 한술 뜨면서 심드렁하게 말했다.

"음⋯⋯. 정작 나는 알지도 못하는 내 생각이 당신 마음에 든다는 거야?"

아내가 미소를 지은 것도 같았지만 확신할 수는 없었다. "싫지는 않아. 다만 나한텐 쉬운 일이 아니란 거지."

"그렇다면 보통 일이 아닌 변화겠네."

아내는 나를 올려다보며 고개를 살짝 끄덕였다. 그녀의 눈에 눈물이 살짝 비쳤다.

그때 깨달았다. 누가 내 말을 들을까 봐 두려운 게 아니라 그 말을 입 밖으로 꺼내기조차 겁이 나 목소리를 낮췄다. "내 회사를 차려야겠구나."

아내는 눈을 감고 천천히 고개를 끄덕였다.

10초간 침묵이 흐른 후 내가 물었다. "그런데 당신은 정말 괜찮겠어?"

아내가 단호하게 말했다. "아니."

나는 혼란스러웠다.

"하지만 그게 당신이 즐겁게 회사 생활을 할 수 있는 유일한 방법이라고 확신해." 아내는 음식을 한입 썹어 삼키고는 이어서 말했다. "그리고 이사할 때도 된 것 같아. 지금이 당신에게나 나나 아이들에게나 이 모든 변화를 맞기에 적절한 시기야."

숨을 한 번 고르고 말하려 했지만, 그 전에 아내가 먼저 내 질문에 답했다. "응, 확실해."

남의 일 말고
나의 일 찾기

새로운 회사에서 출발

몇 달 후 우리는 네바다 쪽 타호호 근처에 살게 됐다. 평생 살아온 복잡한 도시에서 불과 몇 킬로미터 떨어진 곳이었다. 로즈산이 보이는 소박한 사무실을 찾아냈고, 직원을 모집하는 것도 순조로웠다. 친구들과 이전 직장 동료들, 새로 뽑은 직원 몇 명까지 모두 내 생각보다 훨씬 더 도시에서의 탈출을 꿈꾸고 있었던 덕택이었다.

업무 대부분이 디지털 방식으로 이뤄져 대도시를 벗어나는 것은 문제가 되지 않았다(기분 나빠 하지 말아요, 리노 시민들). 우리는 최신 비디오 기술을 활용해 아무 무리 없이 고객들과 회의하고 협업해나갔다.

회사 이름은 제러마이아마케팅으로 정했다. 지난 42년 동안 세상에 알려지지 않았던 내 이름을 회사명에 넣어야 한다는 직원들의 주장 때문이었다. 호수, 스키장, 국제공항에서 30분 거리에 있는 사무실은 우리에게 꼭 알맞은 느낌이 들었다. 모든 것이 가벼워진 기분은 단지 고도 때문만이 아니었다.

총 열두 명이 일하는 회사에서 내가 대표였다. 이제 임원진을 대략 소개해줘야 할 듯하다. 앞으로 일어날 일은 대부분 그들과 관련 있기 때문이다.

에이미 샘플은 영업과 고객 관리 담당 상무였다. 몇 년 전 처음으로 광고 회사에서 일했을 때 그녀를 만났다. 함께 라마 프로젝트에 참여하지는 않았지만, 나와 재스퍼처럼 말단으로 시작했던 그녀는 보석 같은 존재였다.

내 대학 동창으로, 전공인 경제학을 아직도 일부 기억하고 있는 크리스 에레라는 재무, 운영과 모든 행정 업무를 담당했다. 우리는 그를 CFO(재무 이사)라고 불렀다. 나는 인생을 맡길 만큼 그를 신뢰했다. 그가 있는 한 급여나 연차 보고, 재무 건전성 때문에 잠을 설칠 일은 절대 없을 거라고 믿었다. 그래서 자주 그를 안아줬다.

퀸 라이더는 에이미가 추천한 결단력 있는 젊은 여성으로 모든 업무에 조금씩 관여했다. 야구선수로 치면 만능 내야수였고 큰일이 닥쳤을 때 버티게 해줄 접착제 같은 존재였다. 퀸은 고객을 위한 광고 구매와 운영 서비스, 다른 직원들이 필요로 하는 모든 일을 처리했다.

그리고 나와 같이 체험 동물원 일을 했던 재스퍼 존스가 있었다. 대부분의 남자들처럼 몇 년 전 헤어진 뒤로 소식이 뜸했지만, 입사를 제안하느라 연락했을 때 그간의 공백이 무색하게 관계가 회복됐다. 마지막으로 본 이후 그는 긴 턱수염을 기르고 있었는데 산속에 있는 우리 회사와 잘 어울렸다. 재스퍼는 서비스 담당 상무였다. 나를 도와 고객 솔루션 업무도 처리했으나, 디지털 광고와 소셜미디어가 특기였다.

아, 린 린을 깜박 잊고 언급하지 않을 뻔했다. 농담이 아니라, 이게 그녀의 이름이다. 원래 이름은 린 그레고리였지만 안타깝게도 린이란 성을 가진 멋진 남자와 사랑에 빠져 결혼하는 바람에 지난 15년 동안 자신을 린 린이라고 부르지 말라며 사람들을 설득하고 있다. 그래도 우리는 린 린이라고 부른다. 린은 광고 제작국 팀장으로 예술적 디자인과 레이아웃, 제작이 주 업무다.

또 이들보다 직급은 낮지만 여러 가지 중요한 일을 하는 직원들 여섯 명이 있었다. 솔직히 말하면 작은 회사들이 그렇듯 임직원 모두가 힘든 일을 분담했다. 나는 그런 방식이 좋다.

어쨌든 우리 사무실은 창문이 많아 채광이 끝내줬다. 우리가 함께 일했던 다른 광고 회사들처럼 허세를 부리지는 않았다. 냉장고에 맥주와 탄산음료는 항상 있었지만 사다리나 빈백 의자, 테이블 축구, 탁구대, 마사지 의자는 없었다.

처음 2년 동안은 제러마이아마케팅의 모든 것이 아주 흡족했다. 감사하게도 가정생활 역시 훌륭했다. 하지만 그것은 다른 (그리고 중요한) 이야기다.

약간 외진 회사의 위치는 전국 각지의 큰 고객들을 끌어모으는 데 장애가 되지 않았다. 우리는 예상보다 큰 매출을 올렸으며 낮은 세금과 합리적인 운영비 덕에 수익률이 높았다. 회사가 성장하면서 훌륭한 인재를 계속 유치했고 기대 이상으로 견실한 인재를 현지에서 발굴할 수 있었다. 무엇보다 중요한 점은 모든 직원이 정말 즐겁게 일했다는 것이다.

그러나 안타깝게도 창업 3년 차에 접어들면서 무언가가 달라졌다. 나중에 '짜증병'으로 이름 붙인 병에 내가 걸린 탓이었다.

월요병과 다른 짜증병

짜증병은 월요병과는 전혀 달랐다. 출근을 떠올리며 주말에 불안했던 적이 한 번도 없었고, 오히려 월요일은 물론 주중 아침이면 즐겁게 출근했기 때문이다. 나는 친한 친구였거나 친한 친구가 된 사람들과 일했다. 다들 일에 흥미를 느꼈고, 그 일을 잘 해냈으며, 고객에게 도움을 주는 회사로 인정받았다.

하지만 어쩐 일인지 나는 점점 더 자주 스트레스에 시달렸고 필요 이상으로 예민해졌다. 일주일에 한 번 정도는 직원들에게 성질을 내면서 넌더리가 난다는 표정을 지었다. 그런 일이 차츰 잦아지기 시작했다.

처음에는 직원들이 그런 나를 장난스럽게 놀렸다. 재스퍼는 내가 불만이 있을 때 인상 쓰는 모습을 '그 표정'이라고 불렀다. 아주 우스꽝스럽게 표정을 흉내 내기까지 했다. 그럴 때는 기분이 약간 상했지만 일일이 티 내지는 못했다. 어느 날은 집에서 애나가 내 행동을 지적하며 래퍼 같은 별명까지 지어줬다. "당신이 좀 심했지? 이제 당신을 릴 하시Lil' Harsh라고 불러야겠다." 회사에 가서 젊은 직원들에게 그 말을 하지 말았어야 했다. 이후로 직원들까지 별명을 따라 불렀으니 말이다.

재미있는 해프닝이긴 했지만 내가 짜증을 내는 현실은 이해할 수 없는 문제였다. 훌륭한 직원들을 두고 자기 회사를 운영하는 사람이 어떻게 그토록 신경질적일 수 있을까?

나 역시 딜레마를 해결하고 싶은 마음이 절실했지만, 애나는 한층 더 단호했다. "이 문제를 해결하는 게 좋을 거야, 불. 우리는 또 이사하지 않을 거고, 더 뛰어난 직원들을 구할 수도 없을 테니 그들을 열받게 하지 마." 아마 이보다는 온화한 단어를 사용했겠지만 내 기억으로는 이렇게 말했다.

그런데 에이미가 자신도 모르게 내 경력과 우리 직원들, 그리고 내 인생을 바꿔줄 사실을 일깨워줘 고마울 따름이다.

감정 기복이 심한 리더

우리는 지역 마이너리그 야구팀과 하키팀, 이벤트홀을 소유한 매우 멋진 회사 리노코프에서 프레젠테이션을 하고 있었다. 비록 발표 자료에 몇 개의 오타와 사소한 실수가 있었지만, 에이미와 나는 무사히 프레젠테이션을 마쳤고 신규 고객을 유치할 수 있을 듯했다. 그러나 나는 회사로 돌아오는 길에 젊은 직원인 마케나와 셰인이 프레젠테이션 자료를 준비하면서 저지른 실수에 대해 성질을 냈다. 잔뜩 화가 난 나머지 부적절한 말도 몇 마디 뱉은 것 같은데, 애나는 나의 이런 행동이 최근 들어 점점 더 잦아졌다고 했다.

나는 회사에 돌아와서까지 다시 셰인과 마케나를 에이미와 내 앞에 불러 그들의 실수를 보고하게 하고 꾸짖었다. 나중에 에이미가 아주 호되게 나무라지는 않았다고 나를 안심시키면서 "릴하시 비슷하지도 않았어요"라고 농담했다. 하지만 나는 짜증이 치솟아 그 실수 탓에 계약이 틀어질 수도 있었다고 화를 냈다.

질책을 들은 두 직원이 슬그머니 사무실을 나가자마자 나는 에이미를 보며 말했다. "아, 그레이글에 새로 짓는 리조트의 홍보 아이디어가 떠올랐어요. 가족 중심 리조트니까 라스베이거스의 리조트들과는 확연히 달라야 할 것 같아요. '그레이글에서의 숙박은 그레이글에서 그치지 않을 것이다. 평생의 추억을 안고 집으로 돌아가라' 이런 식으로요."

에이미는 이상하다는 듯 나를 쳐다봤다.

"뭡니까?" 내가 물었다.

"왜 이러는 거예요?" 그녀가 과장되게 물었다.

"무슨 뜻이에요?"

"영문을 모르겠네요." 그녀는 온화하지만 호기심이 어린 표정으로 얼굴을 찡그렸다. "30초 전만 해도 사장님은 화가 잔뜩 났죠. 지금은 환한 얼굴로 새로운 아이디어를 말하고 있고요."

내가 무슨 뜻인지 분명히 알아듣지 못하자 그녀는 계속 말했다. "사장님은 몇 초 만에 화를 냈다가 영감을 받았다 하는데 어째서 그러는지 알고 싶네요." 이번에는 정말로 내 대답을 기다리는 듯했다.

나도 이상한 내 태도를 인정했다. "그 말이 맞아요. 에이미 말이 전적으로 옳아요. 나도 이유를 알면 좋겠어요."

잠시 후 사무실에서 나가려고 소지품을 챙기는 그녀를 잡았다.

"아니, 정말로 이유를 알고 싶어요. 나는 회사에 있는 시간의 절반은 일로 들떠 있어요. 절반은 좌절을 느끼죠. 그리고 절반은 이 모든 것에 혼란스러워해요."

"절반이 셋일 수는 없죠."

"뭐라고요?"

그녀가 미소를 지었다. "'절반'을 세 번이나 말했잖아요."

나는 웃으며 말했다. "이런, 진짜 정신이 하나도 없네. 나 좀 도와줘요."

에이미는 가방을 다시 바닥에 내려놨다. "좋아요, 그런데 먼저 할 이야기가 있어요. 이건 처음으로 하는 말인데요."

나는 눈이 휘둥그레졌다. "말해봐요."

그녀는 심호흡을 한 번 한 후 입을 뗐다. "여섯 달 전쯤 리노에 있는 홍보 회사에서 전화가 왔어요. 저를 고용하고 싶다더군요."

그다지 놀랄 일은 아니었다. "왜 말 안 했어요? 별일도 아닌데. 혹시……."

그녀가 내 말을 끊었다. "사실 면접도 보러 갔고 그리로 옮길까 생각했어요."

그제야 당황스러워졌다. 또는 망연자실했을 것이다.

이유를 물을 새도 없이 에이미가 말을 이어갔다. "사장님의 감정 기복이 너무 심해서 사람을 지치게 하거든요. 그런 생각이 들더라고요……." 그녀는 적절한 단어를 고르느라 멈칫거리다 말했다. "다른 곳에 가면 좀 더 안정적이고 평온하게 생활할 수 있지 않을까 하는 생각요."

놀란 마음을 추스르고 다시 물었다. "그래서 어떻게 됐어요?"

"1차 면접을 보고 나니 거기서는 재미가 없을 것 같고, 사장님과 우리 팀이 너무 그리울 것 같더라고요."

고마운 대답이었지만, 그녀가 이직까지 고려했다는 생각에 충격을 떨쳐버릴 수 없었다.

"그러니까……." 나는 숨을 돌린 후 말했다. "이 문제를 해결하는 게 더더욱 중요해요."

그녀는 미소를 지으며 고개를 끄덕였다. "네, 그런 것 같아요."

우리는 10초 동안 가만히 앉아 있었다.

"해보죠, 뭐." 에이미가 선언했다.

우리는 곧장 문제 파악에 들어갔고, 에이미의 말에 받은 충격도 잊을 정도로 그 뒤 세 시간이 순식간에 지나갔다. 마치 11시에 의식을 잃었다가 2시에 깨어난 것만 같다. 지금까지도 정확히 무슨 일이 일어났는지 기억하기 어렵다. 에이미뿐만 아니라 나중에 합류했던 재스퍼와 린까지 내가 그 자리에서 한 일을 아무리 말해줘도 말이다.

재미를 어디서 찾을까

먼저 에이미와 30분 정도 이야기를 나눴다. 나는 그날의 업무를 생각하며 행복하고 설레는 마음으로 출근했다가도 어떤 일이 발생하면 울컥 화가 치밀 때가 많다고 설명했다.

"문제는 직원들이 아니라는 것을 알아요. 직원들은 훌륭하죠. 그리고 아침에는 전반적으로 기분이 나쁘지 않아요. 애나에게 물어봐도 내가 기분 좋게 출근한다고 말해줄 거예요. 하지만 정오쯤이 되면 어느새 불평을 늘어놓고 어째서인지 갑자기 확 지쳐버린 기분이 들어요."

에이미가 움찔하며 말했다. "불평 정도가 아니죠." 그리고 잠시 말을 멈췄다. "화가 나 있다고 해야죠."

따끔한 말이었다. 반박할 수 없었다.

그때 재스퍼와 린이 사무실로 들어왔다. 나는 오전의 영업 프레젠테이션이 어땠는지 물어볼 틈도 주지 않고 곧바로 질문을 던졌다. "요즘 내가 왜 이렇게 성질을 부리는 것 같아요?"

"성질이 더러우니까요." 재스퍼가 망설임 없이 바로 말했다.

감정 기복의 이유를 알고 싶은 마음이 간절했지만, 재스퍼의 익살스러운 말투 때문에 웃음이 터지는 걸 막을 수 없었다. 린과 에이미도 마찬가지였다.

나는 장단을 맞추며 물었다. "그것 말고요. 즐거웠다가도 금방 신경이 곤두서는 이유가 뭘까요?"

그제야 좀 더 진지해진 재스퍼가 테이블에 앉아 어깨를 으쓱했다. "글쎄요. 본인이 알겠죠."

린도 동참했다. "저녁에 퇴근해서 애나에게 뭐라고 하세요?"

"좋은 질문이네요." 그렇게 대답하고는 잠시 생각해봤다. "피곤하다고 하죠."

"그냥 피곤하다고요? 아니면 무언가 때문에 피곤하다고 하세요?" 린이 정곡을 찔렀다.

"무언가 때문에 피곤하다고 하죠." 그녀의 말에 동의하며 잠시 또 생각했다.

"무엇 때문에요?" 린이 물고 늘어졌다.

나는 갑자기 흥분해 말을 쏟아냈다. "끊임없이 업무를 확인해야 하고, 업무가 계속 순조롭게 진행되게끔 하고, 그렇게 하지 않으면 업무가 중단될 것 같은 느낌이 들어서 지친다고 애나에게 늘 말해요."

유용한 정보를 알아낸 듯 사람들의 눈이 커졌다.

재스퍼가 말했다. "하지만 그게 사장님이 할 일이잖아요."

"알아요. 그래도 그런 일을 너무 많이 할 필요가 없으면 좋겠어요. 진심으로요. 난 재미난 사람이었으면 합니다. 다그치는 사람이 되고 싶지 않아요."

"'재미난 사람'요?"

"알잖아요. 새로운 아이디어를 내는 사람, 여러 아이디어를 평가하고 가장 좋은 걸 찾아내는 사람 말이에요."

"그건 재미있는 일이 아니죠. 괴로운 일 같은데요."

나는 정말 놀랐다. "그것보다 재미있는 일이 뭐가 있죠?"

재스퍼는 내 말을 생각해보더니 말했다. "고객이 막바지에 전화로 부탁한 걸 영웅처럼 처리해줄 때 즐겁죠. 그리고 불가능한 일을 부탁했는데 멋지게 해결해줬더니 다음 날 전화로 덕분에 살았다고 말해줄 때도 즐겁죠."

나는 충격을 받았다. "바로 그런 일이 나한텐 악몽이에요! 내가 당신이랑 일하는 게 좋을 만도 하네. 그런 일을 직접 할 필요가 전혀 없으니까요." 그러면서 어떤 생각이 떠올랐다. "재스퍼는 사람들을 독려하는 게 좋아요?"

재스퍼는 질문을 잘 이해하지 못한 듯했다.

질문을 다시 명확히 했다. "직원들이 업무를 잘 추진하는지, 업무에 집중하고 순조롭게 진행하는지 확인하기 위해서 독려하는 것 말이에요?" 나는 대답을 듣기도 전에 따지듯이 먼저 물었다. "당신도 좋아하지 않죠?"

재스퍼는 고개를 저었다. "좋아하지 않는 게 아니고," 내가 반박할 틈도 없이 그가 말을 이으며 확실히 밝혔다. "정말 싫어한다고 해야겠죠. 차라리 내 손으로 직접 하고 말죠."

에이미가 맞장구쳤다. "저도 그래요."

린도 손을 들어 동감을 표했다.

"젠장." 나는 비속어를 쓰며 말했다. "재촉하는 사람은 나 하나뿐이네요."

잘하는 일을 해도 지친다?

"좀 더 설명해보세요." 린이 요청했다.

나는 흥분해서 말을 이었다. "여기 있는 모두가 직원들이 추진력을 잃지 않게 계속하라고 독려하는 걸 안 좋아하죠."

"크리스 이사는 가끔 그러는 것 같은데요." 에이미가 반박했다.

그녀의 말을 잠시 생각해보고 대답했다. "네, 그러나 단지 행정과 재무 업무에서만 그러죠. 그 밖의 모든 업무를 독려하는 사람은 나뿐인 것 같아요."

그러자 린이 나섰다. "사장님은 그 일을 잘하잖아요. 그리고 사장님이 독려해줄 때 저희는 좋아요."

"하지만 내가 안 좋아해요. 그건 지치는 일이죠. 나는 출근할 때 그날 해결할 새로운 프로젝트나 문제를 생각하는데……."

재스퍼가 내 말을 끊고 뒤를 이었다. "그런데 내가 온라인 콘텐츠가 지연된다고 말하죠."

"맞아요!" 내가 외쳤다. "그럼 나는 직원들이 다시 흥미를 갖도록 질문하고 설득하러 나서야 하죠. 나 때문에 모두 불만스러울 수도 있을 것 같아요. 나도 그런 내가 불만이거든요."

"그렇지만 우리는 거의 항상 더 잘 해내고 목표를 달성하잖아요." 재스퍼가 내 불평에 맞서며 말했다.

"왜 재스퍼는 직원들을 독려하지 않죠?" 나는 약간 격앙된 어조로 재스퍼에게 물었다.

"또 화난 표정을 짓고 있네요." 그가 나를 지적했다.

"미안해요. 알려줘서 고마워요." 나는 숨을 고르고 단어들을 신중하게 골랐다. "비난하려던 건 아니에요. 왜 독려를 내게만 맡겨두는지 궁금해서 그래요."

재스퍼가 얼굴을 찌푸렸다. "사장님이 나보다 그 일을 잘한다는 걸 알아서겠죠. 솔직히 말하면 사장님이 독려하는 걸 좋아하는 줄 알았어요. 사장님한테는 쉬운 일로 보였거든요."

에이미가 나를 보고 움찔했다. "저도요."

재스퍼가 말을 이어갔다. "우리는 항상 사장님을 독려 담당 최고책임자로 봤던 것 같아요."

모두가 웃었다.

"글쎄요, 나는 짜증 담당 최고책임자가 돼가는데요. 그건 나뿐 아니라 다른 누구에게도 좋지 않죠."

"그럼 어떻게 해야 하죠?" 그가 물었다.

회의실에 있던 모두가 말하길, 그 순간 내가 화이트보드 앞으로 가서 동그라미들을 그려댔다고 한다.

일이 이뤄지는 단계 찾기

마커를 손에 쥐고 있으면 시간이 금방 지나간다.

모두가 들려준 이야기에 따르면, 우리는 내 감정 기복은 5분도 채 다루지 않고 작업 과정에 대한 논의로 넘어갔다고 한다. 우리는 프로젝트를 시작할 때와 끝낼 때 하는 작업의 차이와 업무 각 단계에 따라 어떻게 일하게 되는지 분석했다. 무슨 이유에서인지 그때의 대화가 자세히 기억나지는 않지만, 굉장히 재미있었다는 것은 확실하다.

90분 만에 회의실 화이트보드는 단어와 도형, 화살표로 뒤덮였다. 중앙에는 세 개의 원이 가로로 배열돼 있었다.

첫 번째 원 위에는 아이디어 생성ideation, 세 번째 원 위에는 이

일의 3단계

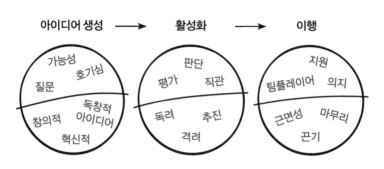

아이디어 생성 ⟶ 활성화 ⟶ 이행

가능성
호기심
질문
창의적
독창적
아이디어
혁신적

판단
평가 직관
독려 추진
격려

지원
팀플레이어 의지
근면성 마무리
끈기

행implementation이라고 적었다. 가장 흥미롭고 아마도 새롭게 느꼈던 가운데 원 위에는 활성화activation라고 썼다. 이를 '일의 3단계'라고 이름 붙였다.

각각의 원은 그 의미를 설명하는 여섯 개의 단어로 채워졌다. 유의어 사전을 뒤져 더 나은 단어를 찾아낼 때마다 단어를 더하거나 뺐고, 원을 반으로 나눈 뒤 단어들을 이쪽저쪽으로 보냈다. 그림이 지저분해져 더 진행하려면 한 발짝 물러서야 했다. 거기서 막혀버린 듯했다.

이런 상황에서 늘 하던 대로 새로운 참석자를 회의실로 불렀다. 이때 불러들인 사람들은 재무 이사인 크리스와 만능선수인 퀸이었다. 우리는 이를 발전적 회의progressive meeting라고 부르는데, 이때는 해오던 논의를 잠시 중단하고 새로운 참석자에게 회의에서 나온 새 아이디어를 처음부터 설명해야 한다. 여기에는 두 가지 이점이 있다.

첫째로 아이디어를 다시 설명해야 하므로 원래 참석자들끼리 결정한 사항을 서로 명확히 할 수 있고, 새로운 참석자들에게 소개하는 동안 결정 사항을 되풀이해서 말할 수 있다. 더 명백한 두 번째 이점은 참신한 다른 의견을 들을 수 있다는 것이다.

크리스와 퀸이 오자마자 나는 바로 설명에 들어갔다. 이 부분은 생생히 기억난다.

"자, 내가 왜 피곤하고 짜증이 나는지 또다시 에이미에게 토로했습니다."

평상시 내가 하는 '소리 내어 생각하기think aloud'에 익숙한 직원들은 고개를 끄덕였다.

"에이미는 내게 뭐가 문제냐고 물었고…….'

에이미가 끼어들었다. "그보다는 부드럽게 말했죠."

"그랬죠. 고맙게 생각해요. 에이미는 내가 왜 그러는지 알고 싶어 했어요. 나는 그녀가 원인을 알고 있기를 바랐죠."

나는 화이트보드로 가서 추진, 격려, 독려란 단어들이 쓰인 가운데 원의 아래쪽을 가리켰다.

"에이미가 답을 알진 못했지만 대화하는 과정에서 이런 생각들이 나왔습니다."

에이미는 내 말을 바로잡았다. "사장님이 생각해낸 거죠."

"글쎄요, 우리 둘이 대화하다 나온 거죠."

에이미가 또 반박하기 전에 퀸이 먼저 입을 열었다. "독려란 정확히 무엇을 의미하나요?"

내가 답했다. "좋은 질문입니다. 직원들을 움직이게 하는 것, 계속 움직이게 하는 것을 말합니다. 직원들을 하나로 뭉치게 하고, 노력하고, 또 노력하고, 또다시 노력하게 하는 것입니다."

크리스가 끼어들었다. "좀 헷갈리네요. 이 원들은 뭘 나타내나요? 배경 설명을 더 해주세요."

그의 말이 옳았다. "그 말이 맞아요." 나는 얼른 대답했다. 그런 면에서는 참 재빠르다.

지우개를 집어 들었지만, 화이트보드에 쓴 것들을 지우기 전에 린이 휴대전화로 사진을 찍어 토의한 내용을 남겨뒀다.

나는 처음부터 다시 시작했다.

화가 난 이유는 따로 있었다

1시가 다 됐는데 아직 점심 식사도 하지 못했다. 나는 크리스와 퀸이 회의에 온전히 집중할 수 있도록 점심 식사를 배달시키고, 오후 내내 다른 업무 대신 회의만 하자고 제안했다. (사실상 나의 간청으로) 모두가 몇 통의 전화 끝에 시간을 확보한 후 다시 논의를 시작했다.

"그러니까 내 불만은 회사나 여러분이나 고객 때문이 아닙니다. 훨씬 더 근본적인 문제예요."

어떤 효과를 기대했다기보다 정확한 단어를 쓰고 싶어 잠시 말을 멈췄다. "에너지를 고갈하는 일을 하느라 도리어 에너지 얻는 일을 못 하게 되는 상황 때문인 것 같아요."

퀸의 눈이 커졌다. 내 이야기에 몰입하고 있다는 게 느껴졌다. 크리스는 얼굴을 찌푸린 걸 보아 아직 그 정도로 이야기에 빠지지는 않은 듯했다.

나는 이어서 말했다. "일은 세 단계로 진행된다고 생각합니다."

"잠깐만요." 크리스가 말을 끊었다. "지금 어떤 일을 말하는 건가요?"

뭐라 대답할 틈도 없이 에이미가 끼어들었다. "어떤 일이든요. 회사를 시작하든, 프로젝트를 진행하든, 가족 휴가를 계획하든요."

휴가를 생각해본 적은 없었지만 그것도 말이 됐다. "처리해야 할 것들을 말합니다. 뭐가 됐든지요."

크리스가 고개를 끄덕였다. 다 이해했다기보다는 설명을 계속해도 좋다는 의미였다.

"첫 단계는 아이디어 생성입니다." 나는 첫 번째 원을 그리며 말했다.

이번에는 퀸이 물었다. "혁신 말인가요?"

"그렇죠. 우리 업무는 다 혁신과 관련 있으니 아이디어 생성 개념이 더 마음에 드네요. 하지만 그보다 앞서 아이디어의 출발점이 있겠죠." 나는 모델을 제시하기로 했다. "그건 잠시 후에 다시 말씀드리고, 일단 세 개의 원부터 설명할게요."

"죄송합니다." 퀸이 사과했다.

"아니에요." 나는 그녀를 안심시켰다. "퀸의 호기심이 좋습니다.

다만 여러분이 몇 분 만에 이해할 수 있게 전체 내용을 알려주고 싶어서 그래요."

그녀가 마음을 놓은 것 같아 계속 설명해나갔다. 나는 오른쪽 가장자리에 동그라미를 그렸다.

"세 번째 원은 이행입니다. 일을 마무리하는 단계죠. 이건 이해하겠죠?"

처음부터 대화에 참여했던 사람들을 포함해 모두가 모델을 마음에 되새기는 듯 고개를 끄덕였다.

"두 번째 원은 어디 있죠?" 크리스가 물었다.

"서두르지 말아요. 곧 나와요." 재스퍼가 놀렸다.

무슨 말이든 재스퍼가 하면 더 웃겨서 웃음이 터졌다.

"두 번째 원은 보통 별로 주의 깊게 생각하지 않는 일의 단계지만, 아주 흥미로운 내용이에요." 나는 두 원 사이에 새로운 원을 그려넣었다. "이것은 활성화입니다."

퀸과 크리스가 얼굴을 약간 찡그렸는데 이견 때문이 아니라 호기심이 어린 표정이었다.

마침내 린이 대화에 동참했다. "새로운 아이디어를 생각해낸 다음 곧바로 실행에 들어갈 수는 없죠."

"왜 안 되죠?" 퀸이 궁금해했다.

"글쎄요." 린이 퀸의 의문을 어느 정도 받아주며 말을 이어갔다. "할 수는 있겠지만 잘 안될 거예요. 아이디어가 형편없거나 완전하지 않다면 어쩌죠?"

"그건 실행을 담당한 사람이 해결해야 할 일 아닌가요?" 퀸이 물었다.

린은 고개를 저었다. "아니요. 실행 담당자는 검증된 일임을 알고 작업을 시작해야겠죠."

퀸은 주장을 좀 더 밀고 나갔다. "그럼 왜 아이디어를 낸 사람들은 검증하지 않죠?"

내가 끼어들었다. "아이디어를 낸 사람들이 반드시 그런 검증까지 잘하는 건 아닙니다. 그들은 새로운 아이디어를 생각해내는 데 집중할 뿐, 그게 성공할 수 있을지 평가하는 데는 관심이 없을 겁니다."

그 말에 크리스가 물었다. "그럼 중간 원이 그거예요? 새로운 아이디어가 괜찮은지 따지는 거요?"

나는 주저하며 대답했다. "네, 하지만 그게 다는 아닙니다. 이제 각 단계에서 어떤 일이 진행되는지 설명할게요."

퀸이 움츠러들었다. "죄송한데 저는 어떻게 이게 사장님이 자주 열받는 이유를 설명해주는지 모르겠어요."

기쁘게도 퀸의 질문에 재스퍼가 대답했다. 평소와 달리 진지한 모습이었다. "차차 알게 될 거예요. 이 모델이 많은 것을 설명해줄 겁니다."

그 말에 갈피를 못 잡고 자신 없어 하던 퀸의 태도가 곧바로 바뀌었다. "알겠습니다. 설명에 집중할게요."

이때 크리스가 아무도 예상하지 못한 말을 했다. "전 이게 마음에 들어요." 나를 포함한 모두가 놀란 가운데 크리스가 덧붙였다. "이런 논의라면 온종일 할 수 있겠어요."

뜻밖의 발언으로 회의실 안의 열기는 더욱 뜨거워졌다.

그런데 갑자기 재스퍼가 엉뚱한 이야기를 꺼냈다. "이거 진짜 헛소리네." 혼란스러워하는 사람들 틈에서 그는 나와 화이트보드를 차례로 가리키며 말했다. "불Bull, 싯(Shit, 엉터리, 거짓말이란 뜻 - 옮긴이), 불싯Bullshit."

만약 다른 사람이 그 말을 했다면 혀를 끌끌 찼겠지만 재스퍼가 하면 달랐다. 다들 또다시 웃음을 터뜨렸다.

사람들이 관심을 보이자 나도 신이 났다.

무에서 유 창조하는 법

대화가 계속됐다. "그러니까 직장에서 일을 할 때 우리는 아이디어를 내고, 이를 활성화하고, 이행해야 합니다. 모든 단계가 똑같이 중요하지만, 우선 내가 가장 좋아하는 아이디어 생성부터 이야기해보죠."

갑자기 에이미가 혼란스러워했다.

"잠깐만요, 사장님. 저는 아이디어를 잘 내는 편이라고 생각하지만 사장님처럼 새로운 아이디어들이 마구 떠오르지는 않아요."

나는 몇 초 동안 원들을 빤히 바라봤다. 이해가 안 됐다. "에이미는 항상 아이디어를 내는 과정에 참여하는 것 같은데요. 나와 브레인스토밍을 가장 많이 하잖아요. 어쩌면 자신이 생각하는 것보다 독창적이고 창의적일지 몰라요."

그녀는 얼굴을 찡그렸다. "아니요, 저는 결코 창의적이지 못해요. 그랬던 적이 없어요." 그러고는 잠시 더 생각했다. "사장님과 뜬구름 잡는 이야기하는 걸 좋아할 뿐이죠."

우리가 만든 기초 모델이 무너지는 게 아닌가 걱정이 될 때쯤 린이 입을 열었다. "새로운 아이디어를 떠올리는 게 아이디어 생성의 첫걸음이 아닐지도 모르죠."

모두의 주목을 끌고는 질문을 기다릴 새도 없이 그녀가 말을 이었다. "먼저 문제부터 또는 기회부터 파악해야 합니다."

에이미의 딜레마가 아니었다면 나는 이에 동의하지 않았을 것이다. 하지만 몇 초 동안 생각해본 후 그녀의 말이 옳다는 사실을 깨달았다. "아이디어 생성의 첫걸음은 질문하고, 숙고하고, 궁금해하고, 의문을 제기하는 것입니다."

"무슨 질문요?" 재스퍼가 궁금해했다.

"중요한 질문들, 에이미가 항상 하는 질문들이죠. '왜 이런 식일까?', '더 좋은 방법이 있을까?', '여기서 다른 가능성도 있을까?' 그런 질문들이 선행돼야 아이디어 구상에 들어갈 수 있습니다."

그때 크리스가 화이트보드로 가서 첫 번째 원을 지우고 그 자리에 원을 두 개 그려 모두를 놀라게 했다. "이게 더 타당하지 않나요? 두 가지 활동과 기술이 관련돼 있으니까요."

"하지만 둘 다 아이디어 생성 과정의 일부죠." 린이 말했다.

크리스가 이성적으로 설득했다. "저는 단지 저 두 가지가 같지 않으니까 원을 둘로 나누는 게 낫겠다고 이야기한 거예요. 혼란을 주니까요."

나는 약간 걱정스러운 눈치인 크리스에게서 지우개를 가져와 나머지 두 개의 원도 지우고 네 개의 원으로 바꿨다. 이제 아이디어 생성, 활성화, 이행 단계 각각에 두 개씩, 총 여섯 개의 원이 생겼다.

"그럼 각 단계에서 또 둘로 나뉜다고 가정하는 건가요?" 재스퍼가 물었다. "섣불리 결론 내리지 말아야겠네요."

나는 미소를 지으며 말했다. "언제든 지울 수 있지, 친구."

잠시 후 사무직원인 벨라가 점심 주문을 받으러 들어오면서 논의가 중단됐다.

직감이 발동하는 순간

카르네 아사다(carne asada, 고수나 라임 등에 절였다 구운 전통 멕시칸 바비큐 – 옮긴이)와 바르바코아(barbacoa, 화덕에 천천히 익힌 고기 – 옮긴이)의 차이점에 관한 토론을 끝내고 우리는 다시 화이트보드를 바라봤다. 여섯 개의 원이 그려져 있었다.

재스퍼가 운을 뗐다. "저는 왜 원이 여섯 개여야 하는지 여전히 모르겠어요. 도형이나 화살표는 제쳐두고 일이 어떻게 진행되는지만 따져봅시다."

모두들 그 제안을 마음에 들어 했다. 재스퍼가 이어서 설명했다.

"의뢰받은 프로젝트를 생각해보죠. 오늘 두 분이 프레젠테이션하고 온 회사가 어디였나요?"

"리노코프요." 에이미가 대답했다.

"스포츠팀과 공항 서쪽의 대형 경기장을 운영하는 회사 말이죠?" 크리스가 물었다.

재스퍼가 고개를 끄덕이고 계속 말했다. "자, 이 프로젝트는 어떻게 시작됐죠?"

나는 에이미를 보며 물었다. "에이미의 아이디어였죠?"

"그랬을 거예요. 저는 우리 고객 중 다른 지역에 있는 회사들이 왜 이렇게 많은지 의아했을 뿐이에요. 그러던 차에 조커스 하키 경기를 보게 됐고 다음 날 사장님께 왜 그 팀을 고객으로 유치하지 않는지 물어봤죠."

아무도 말을 하지 않자 그녀가 이야기를 이어갔다.

"그런데 어느새 사장님은 타호호와 공항에 설치할 수 있는 광고판 모형과 지역사회 학교들을 후원하는 아이디어를 떠올리고 있더군요. 세인트루크 병원, 특히 부상과 재활 치료를 하는 정형외과 병동과 파트너십을 맺는 구상까지 시작했고요."

내가 끼어들었다. "솔직히 말하면 린이 그 광고를 도와줬죠."

린이 인정했다. "맞아요, 하지만 제가 무슨 일인지 파악하기도 전에 사장님이 도안 세 장과 구호 몇 개를 들고 왔죠. 저는 어떤 게 좋고 어떤 게 별로인지 고른 다음, 사장님이 가져온 것들 중 일부를 수정하라고 했을 뿐이에요. 뭐라고 칭할지는 모르겠지만 아이디어 생성 다음 작업을 한 거죠."

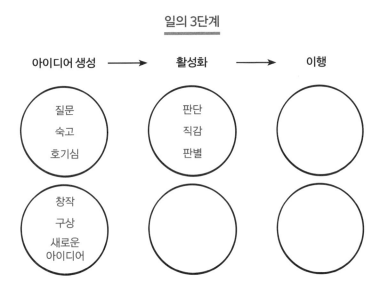

일의 3단계

아이디어 생성 ⟶ 활성화 ⟶ 이행

질문 숙고 호기심	판단 직감 판별	
창작 구상 새로운 아이디어		

"'안목'이라고 할 수 있겠네요." 크리스가 선언했다.

나는 화이트보드를 가리키며 덧붙였다. "또는 판단, 직감, 판별이겠죠. 이 능력은 창의적인 구상을 하는 사람에게 피드백을 줄수 있죠. 늘 그랬듯이 내가 별로인 아이디어나 준비가 덜 된 아이디어를 너무 멀리까지 끌고 가지 않게 린이 도와줬어요."

의도했던 일은 아니지만 린은 내 말에 으쓱해진 것 같았다. 그러나 사실이었다. 나는 화이트보드로 가서 처음 두 원을 완성하고 세 번째 원에 그 단어들을 썼다.

린이 이렇게 요약했다. "그러니까 첫 번째는 무언가를 질문하거나 숙고하거나 호기심을 갖는 거군요. 두 번째는 해결책이나 새로운 아이디어를 만들거나 고안하는 거고요. 세 번째는……." 그녀는 잠시 말을 멈추고 방금 했던 논의를 요약해보려 했다. "그것이 좋은 아이디어인지 평가하고 가늠하는 거군요."

"판별이라는 단어가 마음에 드네요. 똑똑한 것보다 좋은 판단력과 직감이 있는 게 더 중요하죠." 에이미가 덧붙였다.

"저는 똑똑하지 않다는 거예요?" 린이 장난을 쳤다.

"내가 듣기에도 그러네요." 재스퍼가 평소처럼 무덤덤한 표정으로 농담을 던졌다.

퀸은 화이트보드만 응시하느라 농담이 들리지 않는 듯했다. "드릴 말씀이 있어요." 그녀는 잠시 말을 멈추고 웃음소리가 잦아들기를 기다렸다. "이제 이해가 되네요. 많은 게 설명되고요."

"이게 어떻게 사장님이 항상 화를 내는 이유를 설명해주는지 한 번 더 알려주세요." 린이 요청했다.

"어어, 항상 화를 내는 건 아니에요." 내가 이의를 제기했다.

"그런 뜻이 아니었어요. 제 말은……."

나는 그녀의 말을 끊었다. "알아요. 농담입니다."

퀸이 말을 이어갔다. "그럼 여기서 독려가 시작되나요?"

에이미가 대답했다. "그런 것 같네요. 일단 어떤 아이디어나 제안, 계획이 좋다고 생각되면 직원들이 거기 열의를 품게 해야죠."

그때 내 머릿속에 반짝 어떤 생각이 떠올랐다.

여섯 가지 업무
천재성의 탄생

고갈되는 일 vs 충전되는 일

"방금 깨달은 게 있습니다. 어떤 일이나 활동에 능숙하다고 해서 늘 그 일을 하는 게 좋은 건 아니죠. 나는 직원들을 독려하거나 다그치는 걸 잘할 수는 있지만 즐기지는 않습니다. 그런 일을 너무 많이 하고 난 뒤에는 지치고 힘이 빠집니다."

"그렇지만 우리 중 그 일을 가장 잘하는 사람이 사장님이라면요?" 재스퍼가 물었다. "게다가 누가 근무시간 내내 본인이 좋아하는 일만 할 수 있겠어요?"

"음……." 나는 그 지적에 대해 생각했다. "오해하지 말아요. 우리 모두 자신이 좋아하지 않는 일도 어느 정도는 하죠. 누구든 때때로 그런 상황을 받아들여야 합니다."

직원들은 내가 유토피아적 이상주의를 주장하는 게 아니란 걸 확인하고 안심하는 듯했다. "경험에 비춰 볼 때 그런 일을 너무 자주 해야 하면 난 아마 몹시 불쾌해질 겁니다. 고약해지겠죠."

"그럼 우린 망했네요." 재스퍼가 건조하게 말했다.

"그렇죠." 나도 장난으로 받아쳤다.

퀸은 이제 찡그린 표정이었다. "어쩌면 독려하는 사람이 필요하지 않을 수도 있겠네요."

에이미가 인상을 쓰며 생각에 잠겨 있다가 마침내 고개를 저었다. "아니요. 사장님이 독려하지 않으면 지금의 절반 정도밖에 일을 못 해낼 거예요. 우리에게는 압박이 필요해요."

"봤죠? 우린 망했다니까요." 재스퍼가 같은 말을 반복했다.

"그럼 아마도 사장님이 성질을 부리는 데 익숙해지는 수밖에 없나 봐요." 퀸이 힘없는 목소리로 대꾸했다.

에이미가 다시 고개를 저으며 말했다. "그건 안 되죠. 사장님에게도 불공평할뿐더러 우리 역시 불편한 상황이니까요. 게다가 사장님이 회사를 위해 꼭 해줘야 하고 자신도 행복해지는 일을 못 하게 되잖아요."

"사장님이 좋아하는 일을 한 번 더 설명해주세요." 재스퍼가 평소와 달리 진지한 태도로 물었다.

나는 화이트보드 쪽으로 걸어가 두 번째와 세 번째 원을 가리키며 말했다. "나는 창의적으로 구상하고, 평가하는 것을 가장 좋아합니다."

재스퍼는 화이트보드를 빤히 쳐다봤다. "창의적 구상을 좋아한다는 건 이해됩니다. 용어도 좋고요. 그러나 에이미 상무 말이 맞는 것 같군요. 다른 하나는 판별이라고 불러야겠네요. 그것들이 사장님의 특별한 천재성입니다."

"특별한 천재성이라니 그게 무슨 뜻이죠?" 린이 물었다.

재스퍼는 그 질문에 놀란 듯했다. "있잖아요, 천재성. 재능. 세계적 수준으로 잘하는 것들. 사장님은 창의적으로 구상하고 판별하는 데 천재성이 있습니다."

크리스와 퀸이 고개를 끄덕였다.

재스퍼가 계속 말했다. "하지만 독려에는 천재성이 없죠. 그래서 우리가 망한 거죠."

"아직 포기하지 말아요." 에이미가 장난스럽게 그를 나무랐다. "우리가 새로운 걸 알아낼 수도 있잖아요."

숨은 적임자 찾기

나는 좀 더 희망적인 상황을 보여주고 싶었다. "그러니까 나는 계속해서 직원들을 다시 집중하게 만들어야 할 때 짜증이 납니다. 하지만 이게 절대로 해결할 수 없는 문제는 아니죠."

"그런데 그건 경영자로서 마땅히 할 일 아닌가요?" 퀸이 빠르게 질문했다.

"내 말이 바로 그거예요." 재스퍼가 자랑스레 말했다.

린이 상황을 확실하게 정리했다. "음, 목표를 명확히 하고 달성하도록 동기를 부여하는 게 사장님의 일이죠. 하지만 우리가 다른 사람들 독려하기를 꺼려서 사장님에게 다 떠넘기는 것도 사실이에요."

크리스는 갑자기 놀란 얼굴이 되어 나를 향해 물었다. "그런데 그 일을 하는 게 정말로 괴로워요, 사장님?"

나는 천천히 진지하게 고개를 끄덕였다. "맞아요, 그것 때문에 지쳐요."

다들 수긍하는 듯해 이야기를 이어갔다. "에이미에게 말했듯이 난 창의적인 아이디어를 내놓을 생각에 신이 나서 출근하고, 내 판단력으로 다른 사람들의 아이디어를 평가하는 것도 좋아합니다. 그런데 회사에 와서 직원들의 집중도에 계속 신경 쓰다 보면 마치 공을 언덕으로 밀어 올리는 것 같은 기분이 됩니다. 몇 시간 전까지만 해도 깨닫지 못했는데, 바로 그게 일에 대한 열정을 무너뜨리고 있어요. 요즘 들어 그런 것도 아니고 지난 몇 년째 계속됐죠. 직장 생활 초반에 내가 왜 그리 여러 번 월요병을 겪었는지 이제야 이해가 됩니다."

이 대목에서 린에게 월요병이 무엇인지 설명해야 했다.

그때 갑작스레 크리스가 웃어대는 소리에 다들 호기심에 가득 차 그를 바라봤다.

불만기가 약간 서린 열의에 찬 목소리로 크리스가 외쳤다. "하, 저는 독려하는 게 좋아요!" 그는 잠시 말을 멈추고 다시 화이트보드를 응시했다. "독려는 제가 좋아하는 일이니까 앞으로 더 많이 하게 해주면 좋겠습니다."

모두 말은 없어도 기대에 찬 표정이었다.

"좀 더 이야기해봐요." 내가 요청했다.

"음, 저는 항상 제 업무 영역을 넘지 말고 행정과 재무에만 집중해야 한다고 생각했어요. 고객 관련 업무와 일정에 관해 간섭하고 싶지 않아서 말을 안 하고 참았죠."

"진짜요?" 린이 물었다.

"뭐가 진짜냐는 거예요?" 크리스가 되물었다. "내가 직원들을 재촉하는 걸 좋아하는 거요, 아니면 내 업무 범위를 벗어나선 안 된다고 생각한 거요?"

린은 어떻게 대답해야 할지 주저하며 미소를 지었다. "우리가 이사님이 관여하는 걸 원치 않는다고 생각한 거예요?"

크리스는 잠시 망설이다 고개를 끄덕였다. "네."

그녀가 말을 이었다. "그리고 이사님은 더 관여하고 싶고요?"

크리스는 고개를 끄덕였다. "그래요."

"할렐루야!" 내가 외쳤다. "권고 담당 최고책임자를 구했네요."

독려 담당자 등장

크리스는 미소를 거두지 못하다가 갑자기 약간 머뭇대는 듯했다. "잠시만요. 내가 뭐에 관여하게 된 거죠?"

내가 외쳤다. "모든 업무요!"

재스퍼까지 웃음이 터졌다.

나는 계속 말했다. "크리스는 우리가 하는 일에 전부 관여하게 될 거예요. 하지만 주 임무는 직원들을 분발하게 하고 열의를 잃지 않게 하는 거예요."

"그 일에는 시간이 얼마나 필요할까요?" 그가 궁금해했다.

"시간에 구애받지 말아요." 나는 그를 안심시켰다. "하지만 크리스 생각만큼은 아닐 거예요. 그런데 말이죠……. 아마 너무 재미

있어서 그런 걱정은 하지도 않을걸요."

그러자 에이미가 혼란스러워했다. "무슨 뜻인지 모르겠어요."

"나도요." 나는 즐겁게 받아쳤다. "그래도 괜찮아요. 방금 크리스가 승인…… 아니, 계속 확인해서 업무가 제때 진행되게 할 책임을 맡았으니까요."

에이미가 얼굴을 찡그리며 다시 물었다. "그래서 사장님은 이제 독려를 전혀 하지 않으실 건가요?"

"어느 정도는 해야겠죠. 나는 크리스를 독려하는 책임자가 돼야 할 테니까요. 그리고 크리스가 보기에 직원들의 에너지와 활동이 충분하지 못하면 내가 기꺼이 나서서 도와야겠죠. 하지만 기억하세요. 크리스는 재촉하고, 독려하고, 일이 진행되게 하는 것을 좋아하는데 이제 그런 일을 훨씬 더 많이 하게 된 거예요."

무슨 말이 먹혔는지 크리스가 갑자기 미소를 지었다. "언제 시작할 수 있나요?"

회의실 안에 안도감이 감돌았다.

재스퍼가 일어서서 두 손을 위로 올리고 외쳤다. "우리는 폭삭 망한 게 아니었어!"

다시 한번 모두가 웃었다.

"지금 당장." 나는 크리스를 보며 말했다. "크리스가 권고 담당 최고책임자Chief Exhorting Officer임을 발표합니다."

"그 대신 독려 담당 최고책임자Chief Galvanizing Officer는 어떨까요? 권고 담당 책임자의 약칭은 CEO잖아요."

"독려 담당이 더 낫네요." 린이 거들었다.

"그래요, 독려 책임자로 하죠." 나도 그 말에 동의하고, 잠시 휴식시간을 갖기로 했다.

업무 실행자들은 따로 있다

휴식을 끝내고 회의실로 돌아왔을 때 크리스가 화이트보드 앞에 서 있었다. 그는 화이트보드를 깨끗이 지우고 원을 더 깔끔하게 다시 그렸다.

나는 화이트보드를 보면서 말했다. "바로 이거죠. 크리스가 펜을 잡고 나서니까 좋네요."

"음, 제가 나서서 진행하지 않으면 여기서 저녁까지 먹게 될 것 같아서요."

그 순간 재스퍼가 멕시코 음식으로 가득한 종이 가방 두 개를 들고 회의실로 들어오자 크리스가 움찔했다. "이런, 생산성이 떨어지겠군요."

천재성을 찾기 위한 밑그림

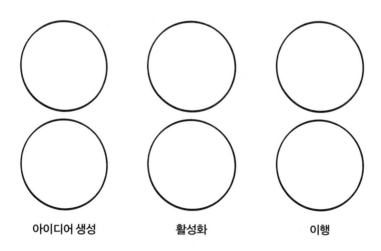

아이디어 생성	활성화	이행

나는 고개를 가로저었다. "음식은 내가 돌릴게요. 크리스는 계속 진행해요."

2분 후 모두가 테이블에 앉고 크리스가 논의를 이어나가는 동안 나는 음식을 적절히 배분했다.

"그럼 한 사람이 이 능력들을 몇 가지나 가질 수 있어요?" 에이미가 부리토와 토르티야의 포장지를 벗기고 있는 내게 물었다.

나는 어깨를 으쓱하며 대답했다. "글쎄요, 아직 파악하는 중이라 뭐라고 말하기가 어렵네요." 그러고는 아이디어를 떠올리려 애쓰며 화이트보드를 응시했다.

퀸이 끼어들었다. "좋아하는 일, 에너지가 생기는 일을 말하는 거라면 두 가지 이상 천재성이 있다는 건 상상할 수 없을 거예요. 만약 좋아하지는 않더라도 잘하는 일이라면 사람마다 다르다고 해야 할 것 같아요. 어떤 사람들은 거의 모든 일을 해낼 수 있으니까요."

"그걸 알아내기 전에 이 모델부터 완성하는 게 어때요?" 재스퍼가 제동을 걸었다. "이대로라면 나는 아무 천재성도 없는 것 같으니까요."

나도 동의했다. "여러분, 지금 계기판이 아니라 직감에 의지해 비행하는 중이란 걸 기억하세요. 우리는 아직……."

재스퍼가 내 말을 끊었다. "그게 무슨 비유죠? 직감이 비행과 무슨 상관이 있어요?"

나는 은박지 뭉치를 그에게 던졌다. "무슨 말인지 알잖아요."

크리스가 나섰다. "에이미 상무는 궁금해하기를 잘하죠."

에이미가 끼어들었다. "그게 제 유일한 능력은 아니에요."

"그렇죠." 크리스가 인정했다. "하지만 적어도 에이미 상무의 능력 중 하나죠. 사장님은 창의적 구상과 판별에 능하고요."

"판별력은 제 천재성 중 하나이기도 해요." 린이 말했다. "제가 본능과 직감이 뛰어나다고 남편이 그러더라고요."

우리는 그 말에 동의하며 고개를 끄덕이면서 한마디씩 했다.

크리스는 화이트보드의 원 옆에 사람들의 이름을 적고 말했다.

"독려하고 압박하기를 좋아하는 사람은 저뿐인 것 같군요."

"다음은 뭐죠?" 에이미가 물었다.

"왜 다른 뭔가가 있어야 해요?" 퀸이 의아해했다.

"일은 독려하는 것으로 끝나지 않으니까요." 내가 설명했다. "그리고 가엾은 재스퍼의 천재성은 아직 안 나왔잖아요."

"그럼 누군가가 독려한 후에는 일이 어떻게 되나요?" 에이미가 물었다.

잠깐의 침묵이 흐르고 린이 대답했다. "이행이죠. 무언가를 독려하면 누군가는 거기에 응해야 하니까요."

"그 일을 하겠다고 자원하는 거요?" 내가 물었다.

퀸이 멈칫했다. "그건 너무……." 그녀는 적절한 단어를 찾는 듯했다. "그 단어로는 부족한 것 같아요. 자원하기가 천재성은 아니잖아요?"

그때 크리스가 나섰다. "천재성 같은데요. 누구보다 먼저 나서서 하던 일을 멈추고 새로운 일을 시작하는 거잖아요. 제가 관리했던 직원들 가운데 뛰어난 직원 몇 명은 긴급 상황이 발생했을 때 나서서 구조하는 데 아주 능숙했어요. 꼭 긴급할 때가 아니더라도 중요한 프로젝트나 프로그램에 도움이 필요한 사람이 있으면 항상 그들이 나타나 가능하게 해줬죠."

"제가 바로 그런 사람이에요. 딱 제가 그래요." 재스퍼가 단호하게 말했다.

퀸과 린, 에이미가 거의 동시에 "진짜 맞아요", "확실히 그렇지", "재스퍼 상무님의 특징이죠"라고 말했다.

나도 끼어들었다. "재스퍼가 아주 성가시긴 하지만 언제나 생색 없이 도와주고 필요한 일에 뛰어드는 걸 마다하지 않죠."

"맞아요. 저는 손이 많이 안 가는 사람이죠." 그가 자랑스럽게 말했다.

또다시 "정말이에요", "당연하죠"라는 맞장구가 합창처럼 흘러나왔다.

사람들이 퀸을 가리키면서 말했다. "퀸도 그런 사람 중 하나예요."

모두가 그 말에 동의하자 퀸은 쑥스럽기도 하고 자랑스럽기도 한 모양이었다.

"그런데 이 천재성을 뭐라고 부르죠? 자원 천재성? 아니면 지원 천재성?" 에이미가 물었다.

"그 단어를 쓰니 꼭 제가 우리 엄마가 된 것 같네요. 엄마를 사랑하지 않는 건 아니지만, 훌륭한 조력자나 지지자 역할은 그리 중요하거나 특별한 천재성 같지는 않아요." 퀸이 불평했다.

크리스가 방어적인 투로 반박했다. "제 생각은 전혀 다릅니다."

일순간 조용해지면서 모두 크리스에게 주목했다.

재무 이사이자 신임 독려 담당 최고책임자인 그가 설명했다. "인정하기는 싫지만 저는 그런 일에 서툴러요. 만약 조력자나 지지자인 사람들이 내 인생이나 직장, 가정에 없다면 아무것도 할 수 없을 겁니다. 그들은 제 구원자예요."

"아마도 절 구원자라 불러야 할 것 같네요." 재스퍼가 빈정대듯 말했다.

"그거 좋은데요." 내가 끼어들었다. "재스퍼나 퀸 같은 사람들은 남이 성공할 수 있게 해주는 사람이라고 생각합니다. 이것이 그들의 천재성입니다." 나는 에이미 쪽으로 고개를 돌리며 말했다. "브로드무어에이전시의 론다를 기억해요?"

에이미가 힘차게 고개를 끄덕였다. "모두가 론다를 자기 팀에 데려오려고 했죠. 그녀는 팀원들을 반드시 성공하게 해주거든요."

"그리고 결코 자기만 중시하지도 않죠." 내가 덧붙였다. "그녀는 주변의 모든 사람과 일이 원활히 돌아가게 해줘요."

"사무 보조였나요?" 재스퍼가 물었다.

"아니요, 론다는 에이미와 저처럼 광고주 관리자였어요. 비록 새로운 전략이나 아이디어를 내놓는 데는 최고가 아니어도, 팀의 비밀 병기였기 때문에 나라면 제일 높은 보수를 줬을 겁니다."

퀸이 다시 반박했다. "지원enablement이라는 단어는 부정적인 게 연상돼요. 알코올 중독자나 마약 중독자들을 돕는다고 하면서 되레 그들을 망치는 인에이블러(enabler, 조장자로 번역돼 쓰이기도 하나 여기서는 조력자로 번역했다 – 옮긴이)처럼요."

몇 사람이 그 말에 동의했다.

"뭐 어때요?" 크리스가 자신 있게 말했다. "어감 문제 말고는 그 천재성의 핵심을 말해주는데요. 지원 천재성은 지지나 도움, 친절과는 다릅니다. 일이 시작될 수 있게 해주는 거죠. 내가 그런 조력자면 좋겠네요."

"정말요?" 퀸이 물었다.

"네." 그가 딱 잘라 말했다. "제 아내도 그걸 바랄 걸요." 농담을 의도한 건 아니었으나 다들 웃음이 터졌다.

그가 말을 이어갔다. "사람들이 원하는 대로 필요한 것을 해주는 게 나한테는 쉽지 않아요. 교회나 아이들 학교 일에 참여할 때면 몹시 힘들죠. 조력자 역할에는 엉망이라 제가 꼭 바보처럼 느껴진다니까요!"

갑자기 퀸이 미소를 지었다. "세상에, 저는 100퍼센트 조력자예요. 최고의 자원봉사자고, 각종 위원회의 위원……."

내가 끼어들었다. "그리고 팀플레이어죠."

"신사 숙녀 여러분, 우승자가 나왔습니다." 크리스가 화이트보드로 몸을 돌려 지원이라는 단어가 쓰인 동그라미 옆에 퀸과 재스퍼의 이름을 적었다.

"그리고 재스퍼 상무님의 천재성을 드디어 찾았네요!" 린이 외쳤다.

"나도 무능력자가 아니군요!" 재스퍼가 기뻐했다.

"이로써 간단한 모델이 완성된 건가요?" 크리스가 물었다.

모두가 잠시 말을 멈추고 화이트보드와 서로를 번갈아 봤다.

길게 느껴졌던 7초가 지난 후 문득 어떤 생각이 떠올랐다. "하나가 더 있는 것 같습니다."

"어디 한번 들어볼까요"라고 누군가가 말했다. 아마 린이었을 것이다.

"조력자는 마지막 주자가 아닙니다." 나는 다소 논란의 여지가 있을 만한 선언을 했다.

"무슨 뜻이죠?" 재스퍼가 궁금해했다. 그는 약간 짜증이 났거나 기분이 상한 듯했다.

"조력자라고 해서 모두 업무를 끝내고 결승선 통과하기를 좋아하는 건 아니라는 말입니다." 나는 조심스럽게 설명했다.

"그건 독려 같은데요." 퀸이 의아해했다.

나는 명확하게 다시 짚었다. "아니요. 독려는 다른 사람들, 즉 조직이나 동료들이 뭔가를 중심으로 모이고 계속 움직이도록 영감을 주며 동기를 부여하는 거죠. 이건 다릅니다." 나는 설명할 수 있는 적절한 방법을 찾느라 머뭇거렸다. "사람들 독려하는 걸 좋아하지는 않지만, 프로젝트를 마무리하고 그것이 완성된 모습을 보기 위해 사는 사람들이 있습니다. 장애물 앞에서도 일을 끝까지 해낼 수 있게 허용되지 않으면 오히려 힘이 빠지죠. 그들은 일을 마무리하고 계속 높은 수준을 유지하는 데 천재성이 있습니다."

재스퍼는 의자에 똑바로 앉았다. "사장님이 틀린 것 같군요. 저는 일을 마무리 짓는 것도 좋아합니다." 이번에도 그의 말투에서 미묘하지만 방어적인 태도가 느껴졌다.

회의실 안이 갑자기 조용해졌다. 잠시 후 퀸이 입을 뗐다.

"저는 마무리 작업이 싫어요."

회의실 안이 그렇게 고요하지 않았다면 듣지 못했을 만큼 작은 목소리였다. 이토록 어색한 분위기가 될 줄 알았다면 퀸이 차라리 소리를 질렀을지도 모른다.

"무슨 뜻이에요?" 재스퍼가 짜증에 가까운 투로 물었다.

"저는 사람들을 도와주고 그들이 성공할 수 있게 해주는 것이 좋습니다. 이걸 보면 지원이 제 천재성인 게 분명합니다." 그녀는 멈칫대며 말을 이어갔다. "하지만 프로젝트가 90퍼센트쯤 진행되고 나면 기운이 빠집니다. 그래서 다른 사람들이 괴로워질 정도만 아니면 저는 다른 일로 넘어가죠. 심지어 참여했던 프로젝트가 끝났는지도 모르고 지나갈 때도 많아요."

재스퍼는 심각하게 그녀를 쳐다봤다. "괴짜네."

분명 재스퍼가 시도한 무미건조한 유머였을 그 말은 평소처럼 효과가 있었다. 우리는 크게 웃어댔다.

재스퍼는 계속 이야기했다. "그런데 프로젝트의 마무리를 보고 싶지 않아요?"

그녀는 겸연쩍은 미소를 지으며 천천히 고개를 저었다. "저는 조력자에 속하고, 아까는 말하지 않았는데 사실 판별력도 있는 것 같아요. 제 의견을 굳이 드러내지는 않지만 말이죠. 그러나 일과 끝까지 씨름할 끈기는 전혀 없어요."

재스퍼가 퀸을 향해 고개를 절레절레 흔드는 시늉을 하자 퀸이 토르티야 칩을 재스퍼에게 던졌다.

크리스는 재스퍼를 보며 이렇게 말했다. "재스퍼 상무는 지원과 마무리하는 일에 천재성이 있는 거네요." 그는 재스퍼의 이름을 해당 동그라미 옆에 썼다.

린이 설명을 보탰다. "그저 마무리하는 것만이 아닙니다. 퀸이 언급했듯이 일이 여의치 않을 때 끝까지 붙들고 씨름하는 것을 말합니다. 목표를 이룰 때까지 사람이 아니라 일 자체를 밀어붙이는 거고요. 더 적합한 단어가 있을 거예요."

"끈기네요." 퀸이 말했다. "재스퍼 상무님은 끈질기죠. 크리스 이사님도 그렇고요."

크리스가 고개를 끄덕였다. "제 입으로 말하고 싶진 않았지만 끈기도 제 천재성 중 하나라고 생각합니다. 예전 상사는 절 보고 끈기 있다고 말하곤 했죠. 아내도 그렇다고 하고요. 항상 칭찬으로 하는 말은 아니지만요."

"네, 이사님은 확실히 끈기가 있어요." 그 말을 한 사람은 린이었다. "일이 제대로 될 때까지 느슨해지지 않잖아요. 제가 이사님을 좋아하는 이유 중 하나죠."

그녀가 말을 잠시 멈췄고, 크리스는 미소 지으며 칭찬에 감사하는 뜻으로 고개를 까닥였다.

잠시 후 그녀가 이야기를 이어갔다. "그리고 저를 미치게 하는 점 중 하나이기도 하고요. 이사님과 그 멍청한 지출 보고서 말이에요."

크리스를 포함한 모두가 웃었다.

검토 시간은 5분

크리스는 마커를 내려놓고 테이블로 가서 부리토를 한입 먹었다.

"크리스 이사가 식사할 시간을 5분만 주죠." 에이미가 요청했다.

그때 노크 소리가 들렸다.

"들어오세요"라고 말할 틈도 없이 문이 열리면서 애나가 오트밀 초코칩 쿠키를 담아오곤 하는 큰 플라스틱 용기를 들고 들어왔다.

회의실 여기저기서 따뜻한 인사말이 오갔다. 다들 애나를 좋아했지만 그녀의 쿠키도 열띤 환영에 한몫했다. 애나는 특기인 오트밀 초코칩 쿠키 말고 다른 쿠키는 아예 만들려고도 하지 않았다. 일전에 내가 초코칩을 뺀 쿠키도 한 판 만들어보라고 제안했다가 무슨 정신 나간 소리냐는 눈총을 받았다.

"당분 좀 보충해주려고 잠깐 들렀어요." 애나가 플라스틱 용기를 테이블로 가져오며 말했다. 그녀는 팀원들과 포옹하고 손을 흔들며 반갑게 인사한 후 매우 중요한 질문을 했다.

"뭐 하고 있는 거예요?" 애나는 화이트보드를 응시하며 말했다.

다들 대답을 미루는 듯 서로 얼굴만 바라보다 웃음이 터졌다.

에이미가 먼저 운을 뗐다. "어디서부터 시작하면 좋을까요?"

애나가 손을 들며 만류했다. "오, 저 때문에 회의를 중단하거나 늦추지는 말아요. 그냥 궁금해서 물어봤어요."

재스퍼가 말을 가로막았다. "애나 때문에 지연된 게 아니에요. 설명하기 어려워서 그랬죠. 우리 역시 지금 막 알아가는 중이거든요."

애나는 고개를 끄덕이며 화이트보드를 계속 응시했다.

재스퍼가 말을 이었다. "하지만 애나 남편이 왜 그렇게 짜증을 내는지 알아낸 것 같아요."

애나는 돌연 재스퍼와 나머지 팀원들 쪽으로 돌아서더니 테이블에 앉았다. "그럼 한번 들어볼까요. 잠시 방해 좀 할게요."

나는 장난스럽게 볼멘소리를 했다. "이건 불공평해."

"당신 말이 맞아. 이 자리에 내가 빠져 있었다니 불공평하지." 애나가 놀리듯 되받아쳤다.

모두가 그 말에 동의했다.

"좋아요, 나 대신 누가 개요를 설명해줘요. 애나는 들을 자격이 충분하죠. 우리 주려고 쿠키도 가져왔잖아요."

사실 이건 대학에서 심리학과 신학을 전공한 애나의 전문 분야였다. 나는 그녀가 앞으로 이어질 대화를 즐기며 우리가 놓친 점을 보충해주리라고 확신했다.

크리스가 지원자를 요청했다. "누가 나와서 설명해줄래요? 난 점심 좀 먹어야겠어요."

재스퍼가 손을 들었다. "지원이 제 천재성이니까 제가 할게요."

린이 일어섰다. "저도 도울게요."

두 사람은 함께 화이트보드 앞으로 나갔다.

사고, 창의성, 판별의 힘

"설명을 시작하기 전에 질문 하나 해도 될까요?" 애나가 물었다.

"두 개도 됩니다." 재스퍼가 평소처럼 익살스럽게 대답했다.

"이 회의의 목적은 단지 최근에 불이 몹시 고약해진 이유를 알아내는 건가요? 그 정도로 힘들었어요?"

재스퍼가 얼굴을 찡그리며 슬픈 표정을 지었다. "끔찍했어요, 애나. 정말 끔찍했어요."

모두가 웃었다.

에이미가 해명했다. "사장님은 괜찮았어요. 하지만 대체 왜 그리 스트레스를 받는 건지 저와 함께 알아보려다가 이렇게 토론까지 이어졌어요. 그보다 훨씬 많은 것을 포함한 토론이에요."

애나는 안도하는 듯했다.

재스퍼의 말은 끝나지 않았다. "애나가 꼭 알아야만 할 것 같네요." 그가 잠시 말을 멈췄다. "대부분 애나 이야기니까요."

아주 잠깐 애나가 걱정에 빠진 듯 보였다.

"그만해요, 상무님. 못됐다!" 퀸이 웃음이 참으려 애쓰면서 재스퍼에게 소리를 질렀다.

그녀는 애나를 향해 말했다. "애나와는 아무 상관 없어요."

재스퍼는 애나가 던진 쿠키를 받아 입에 넣었다.

린이 진행을 넘겨받았다. "기본적으로 알아낸 사실은 어떤 일을 완수하려면 누군가 해줘야 할 일이 여섯 가지가 있다는 것입니다." 그녀는 화이트보드에 그려진 여섯 개의 원을 가리켰다. "그리고 이 여섯 가지를 전부 잘하는 사람은 아무도 없다는 거예요. 즉, 사람들 대부분이 여섯 가지 일 중 몇 가지는 아주 서툴러요."

애나는 설명을 잘 이해하며 따라갔다. "불이 그렇게 괴팍해진 이유는 정확히 뭐였나요?"

"이런." 나는 다시 볼멘소리를 했다. "난 괴팍한 사람이 아니야. 음, 단지 성질이 좀 급한 거지."

애나가 웃으며 말했다. "미안해, 여보."

린이 말을 이어갔다. "몇 분 후면 이해가 될 거예요. 무엇보다 사장님은 그동안 본인도 하기 싫고 직원들도 하고 싶어 하지 않는 일을 혼자 많이 했어요."

"네, 조급하게 질문하지 않고 들을게요. 계속 설명해줘요."

재스퍼가 여전히 입안 가득 쿠키를 우물거리며 끼어들었다.

"첫 번째는 사고wonder로 생각하고, 고려해보고, 숙고하는 것을 말합니다. 그리고 질문을 던지는 거예요."

"어떤 종류의 질문요?" 애나가 물었다.

재스퍼가 쿠키를 삼키고 말했다. "'더 좋은 방법은 없을까?', '여기 무슨 문제는 없을까?', '우리가 잠재력을 충분히 발휘하고 있을까?' 같은 질문이죠."

"내 얘기네요." 애나가 말했다.

에이미도 대화에 끼어들었다. "제 특별한 천재성 중 하나도 바로 그거예요."

"특별한 천재성?" 애나가 궁금증을 드러냈다.

내가 나섰다. "응. 재스퍼의 생각인데 우리 모두 천재성을 가진 영역이 달라."

"오, 좋은데요." 애나가 흥미를 보이며 대답했다. "계속해요. 설명을 끊지 않게 노력해볼게요."

애나가 동료들과 대화를 주고받는 모습이 보기 좋았다. 나는 아내에게 다가가 그 앞에 무릎을 꿇고 그녀가 얼마나 소중한 사람인지 말한 후 키스했다.

아니, 그러진 않았다. 하지만 그녀가 내 아내여서 참으로 기쁘다고 생각했다.

재스퍼는 계속 설명했다. "사고에 천재성이 있는 사람은 질문을 하거나 큰 쟁점을 파악하는데, 이건 두 번째 업무 천재성인 창의성invention으로 이어지죠."

"그건 남편의 천재성 중 하나인 것 같네요." 애나가 딱 잘라 말했다.

"딩동댕." 재스퍼가 고개를 끄덕였다. "창의성이 천재성인 사람은 아이디어, 제품, 회사, 그 어느 것이든 참신하거나 새로운 무언가를 생각해내는 일을 온종일 할 수 있죠."

애나가 나를 보며 말했다. "당신이 그렇잖아."

나는 고개를 끄덕이며 말했다. "내가 가장 좋아하는 일이지. 그럴 필요가 없을 때도 말이야."

아내가 웃었다. "그래서 특별한 천재성인 거겠지."

"맞아요. 천재성은 우리에게 에너지를 줍니다. 저절로 기운이 나죠." 재스퍼가 덧붙였다.

"네, 계속하시죠." 애나가 흥분한 말투로 재촉했다.

이제 린이 설명을 이어갔다. "창의성 다음은 우리가 판별discernment이라고 부르기로 한 천재성이에요. 직감과 직관, 판단력이 뛰어난 사람을 가리키죠. 이들은 어떤 아이디어나 계획이 좋은 건지, 더 노력이 필요한 건지, 또는 아마도 그리 좋지 않은 건지 그냥 직감으로 압니다."

"전문가라서요?" 애나가 물었다.

내가 끼어들었다. "아니, 좀 달라. 이들은 자신이 잘 모르는 분야에서도 판단력이 좋은 사람들이야. 반드시 논리적으로 사고한다거나 구체적인 데이터를 사용하는 것도 아니야. 그냥 패턴을 보거나……."

애나가 내 말을 가로막았다. "알겠다!" 그녀는 회의실을 둘러보다 린에게 시선이 멈췄다. "린은 판별에 천재성이 있죠?"

린의 눈이 커졌다. "와, 잘 맞히네요."

"유감스럽게도 애나에게는 판별력이 없군요." 재스퍼가 건조하게 말했다.

"왜 그렇게 말하죠?" 나는 약간 방어적인 자세로 물었다.

"음, 사장님과 결혼했으니까요." 재스퍼는 이어서 말했다. "하지만 사장님은 애나와 결혼한 걸 보니 판별력이 있네요."

애나가 또 쿠키를 던졌고 재스퍼가 입으로 받았다.

"자, 다음은 뭐죠?" 애나가 물었다.

재스퍼는 입안 가득 쿠키를 우물거리며 말했다. "다음은 애나 남편이 왜 그렇게 골칫거리였는지 알아보도록 하죠."

독려, 지원, 끈기의 힘

애나가 시계를 들여다봤다. "10분 안에 끝낼 수 있나요? 병원 예약 때문에 매슈를 데리러 가야 하거든요."

재스퍼가 곧바로 설명을 시작했다. "자, 계속할게요. 다음 천재성은 독려galvanizing인데 직원들이 분발하게 하고, 열의를 잃지 않게 하고, 계속 업무를 진행하도록 재촉하는 거예요."

애나는 내 마음을 읽으려는 듯 나를 바라봤다. "당신이 잘하는 일이네." 그러다 머뭇거리며 말했다. "아닌가?"

나는 고개를 끄덕이며 대답했다. "만약 '할 수 있는가?'라는 뜻이면 대답은 '응'이야. 그렇지만 '늘 그 일을 하는 게 좋은가?'라는 뜻이면 대답은 '아니'야."

"식구들에게 성당에 갈 채비를 하라거나 각자 맡은 집안일이나 숙제를 끝내라고 재촉하는 사람은 항상 당신인걸."

나는 고개를 끄덕였다. "그렇게 재촉해야만 하는 게 너무 지겨워. 지난 몇 년 동안 내 역할에 익숙해진 거지 그 일을 좋아한 적은 결코 없어. 다른 사람들을 움직이게 하려고 매번 고약한 사람이 돼야 하는 기분이야."

방금 충격적인 사실을 알게 된 사람처럼 애나의 눈이 튀어나올 듯 커졌다. "오, 세상에."

애나가 갑자기 왜 그러는지 모두 의아해했다.

"뭐야?" 하고 묻자 애나는 방금 깨달은 것을 설명해줬다. "그래서 당신이 더비네와 휴가 가는 걸 싫어하는구나. 일요일 아침과 컵스카우트도 싫어하고."

애나가 제대로 이해한 것 같아서 매우 기뻤다.

"더비네가 누구예요?" 궁금해하는 크리스에게 내가 대답했다.

"가족끼리 오래된 친구 사이인데 1년에 한 번쯤 함께 여행을 가요. 전국 곳곳을 같이 다녔죠. 아주 좋은 사람들이에요."

애나가 거들었다. "하지만 그 부부는 둘 다 먼저 뭔가 하자고 나서지 않아요. 저도 마찬가지라 늘 남편 혼자 '하이킹 가자, 고래 관광을 가자, 골프 치러 가자'라고 이야기해야 하죠. 네 명이 모두 같은 활동을 하고 싶은 게 아니니까 남편이 애를 먹어요."

"그게 다가 아니에요." 내가 덧붙였다. "휴가를 떠나기도 전에 애나와 더비 부인인 팸이 항상 무모한 아이디어를 내서 내가 말려야만 하죠."

애나는 혼란스러운 표정으로 화이트보드를 쳐다봤다. "그게 지금 설명하는 내용이랑 무슨 상관이야?"

"판별력을 이야기하는 중이잖아. '잠깐, 그건 안 될 것 같아'라고 말리는 사람은 주로 나니까."

애나가 납득을 못 하는 것 같아 나는 계속 설명했다. "그랜드캐니언에서 하이킹하자고 했던 때 기억해?"

그녀는 겸연쩍은 미소를 지으며 고개를 끄덕였다. "응, 기억나."

"그게 뭐가 문제예요?" 재스퍼가 궁금해했다.

"그때 우리 아이들은 겨우 5살, 3살이었고 더비네 아기는 9개월이었거든요." 내가 대꾸하자 애나가 웃으며 말했다. "팸과 저는 베이비시터를 데려가면 된다고 생각했어요. 다행히 당신이 말려줬지만."

크리스가 다시 설명을 이어갔다. "그런데 끊임없이 독려하는 게 사장님을 미치게 했죠. 그래서 짜증을 부리는 거더라고요."

이제 애나는 나를 보며 물었다. "AFS와 브로드무어에서도 그랬던 거야?"

나는 고개를 끄덕였다. "맞아. 승진했을 때 내가 좋아하는 일은 그만두고 항상 직원들을 독려해야 했어. 그것 때문에 죄책감이 들더라고. 독려하게 만드는 직원들이 원망스러우니까 죄책감이 더 심해지고, 그러다 결국 성질을 내고는 했지."

"여기에서도 그러고 있죠." 에이미가 덧붙였다.

애나는 갑자기 내가 애처롭기도 하고 걱정도 되는 듯했다. "그래서 당신은 이제 어떻게 할 거야?"

크리스가 손을 들고 말했다. "앞으로는 제가 직원들 독려하는 역할을 더 하고, 사장님은 주로 창의적 업무와 판별에 집중할 수 있게 하려고요."

애나는 찡그린 표정으로 나를 쳐다봤다. "그래도 어느 정도는 당신도 독려를 해야겠네. 누구나 때때로 자기가 싫어하는 일을 해야 하니까."

나도 동의했다. "응, 그렇게 하기로 정리했어. 가끔 그런 일을 하는 것은 정말 상관없어. 계속 그쪽으로 끌려가면서 내가 진짜 잘하는 일을 할 시간과 에너지가 점점 줄어들 때가 문제지."

"이거 정말 흥미롭네요. 다음은 뭐예요?" 애나가 물었다.

퀸이 설명을 이어받았다. "음, 독려하는 사람이 있으면 거기에 응하는 사람도 있어야겠죠." 그녀는 화이트보드를 보며 말했다. "이를 지원enablement 천재성이라고 부릅니다."

"재스퍼 상무님은 이 천재성을 가지고 있죠." 린은 이렇게 설명한 다음 그를 놀렸다. "하지만 상무님은 짓궂은 농담을 자꾸 해서 천재성을 깎아 먹죠."

애나는 재스퍼를 좋아했다. "그렇게 짓궂은 건 아니에요."

"아니, 짓궂어요." 재스퍼가 명확히 짚었다. "그래도 사람들이 나를 필요로 하는 일이 있으면 뭐든 해줄 겁니다."

나는 애나를 향해 말했다. "이건 당신의 천재성 중 하나인 것 같은데."

"그렇게 생각해?" 그녀는 완전히 확신하지는 못했다.

"농담해? 학교나 성당에 가기만 하면 새로운 프로젝트를 맡아서 오잖아."

애나는 고개를 끄덕였다. "당신 말이 맞네. 내가 좀 그렇지. 나는 도움이 필요한 사람들을 돕는 게 좋아."

"당신은 식구들이 필요한 것도 아주 잘 알지. 지원이 당신의 천재성이야."

그녀가 수긍했다. "다른 사람들이 나를 더 많이 도울 수 있게 독려하는 방법만 알면 좋을 텐데. 보통 막판에는 나 혼자 너무 많은 일을 떠안게 되니까 말이야."

"저도 그래요." 퀸이 소리쳤다. "아무도 도와주지 않는다고 항상 불평하죠. 그런데 사실 전 도와달라고 부탁하는 걸 좋아하지 않아요."

애나가 나를 보며 웃었다. "남편이 늘 나한테 그렇게 말하죠."

그때 크리스가 끼어들었다. "5분 뒤면 가야 할 텐데 이제 하나만 더 설명하면 돼요."

"좋아요, 어서 알려주세요."

재스퍼가 화이트보드 쪽으로 몸을 돌렸다. "지원 다음에 오는 마지막 천재성은 끈기tenacity예요. 이 천재성을 가진 사람들은 일을 마무리하는 걸 좋아합니다. 결승선까지 일을 끌고 가는 데서 에너지와 기쁨, 성취감을 얻죠. 그러기 위해 장애물을 극복해야 할지라도요."

"그건 독려에 대한 설명 같은데요." 애나가 의아해했다.

재스퍼가 나섰다. "다르죠. 끈기는 일 자체를 중시하는 반면 독려는 사람들의 열의를 불러일으키는 거예요. 끈기는 일을 예정대로 진행해 제때 기준에 맞게 완료하는 겁니다."

애나가 나를 보며 웃었다. "그건 절대 내 천재성이 아니네."

"내 천재성도 아니야." 내가 덧붙였다.

그녀가 웃으며 말했다. "그래서 우리 둘 다 빨래나 청구서 처리, 잔디 깎기를 좋아하지 않죠." 그리고 잠시 멈칫거리다 말했다. "집안일을 도와줄 아이가 넷이나 있어서 다행이에요."

"청구서 처리는 둘 중 누가 해요?" 크리스가 물었다.

애나가 미소를 지으며 대답했다. "크리스가 아르바이트로 잠깐씩 우리 집에 와서 처리해줄 생각이 있는지 물어보려고 했어요."

그가 웃으며 대답했다. "아르바이트비로 쿠키를 받으면 고려해볼게요."

애나가 시간을 확인하더니 나를 쳐다봤다. "그래서 내 천재성이 뭐라고 했지?" 그러고는 화이트보드를 다시 돌아봤다. "한 사람이 몇 가지 천재성을 가질 수 있어?"

"모르겠어. 모두 새로운 내용이라서 말이야. 하지만 내 생각엔 아마 두 가지인 것 같아."

재스퍼가 끼어들었다. "저도요."

다른 사람들도 화이트보드를 보며 동의했다.

"안 가도 되면 좋을 텐데요. 너무 재미있어요. 성인들과의 대화도 그렇고요." 애나가 매우 아쉬워했다.

언제나 그렇듯 모두가 애나에게 곧 다시 와도 환영한다고 말하며 인사를 나눴다. 그녀는 회의실을 나가다 걸음을 멈추고 뒤를 돌아봤다. 그리고 화이트보드를 다시 응시하며 말했다. "그런데 원이 아니라 톱니바퀴 모양으로 바꿔야 할 것 같아요." 그러면서 손가락들을 깍지 끼어 그 말이 무슨 뜻인지 보여줬다. "톱니바퀴 모양이 저 천재성들이 맞물려 있고 서로 필요로 한다는 걸 시각적으로 잘 나타내줄 듯해요."

애나가 문을 나가는 동안 다들 그 아이디어가 아주 타당하다고 인정했다.

"저분을 채용해야 합니다." 린이 선언했다.

"농담이죠?" 내가 항의했다. "그럼 내 생활이 무너질 거예요. 게다가 아내는 상사로서의 나를 좋아하지 않을 것 같은데요."

재스퍼가 맞장구를 쳤고, 우리는 다시 잠깐 쉬기로 했다.

자신의 천재성을 찾다

휴식시간을 보내고 돌아왔을 때 에이미가 제일 먼저 질문했다. "그래서 이 개념들이 전부 뭘 의미할까요?"

"구체적으로 질문하지 그래요?" 재스퍼가 말했다.

"그러니까 이 모델로 무엇을 하냐고요?" 에이미가 다시 물었다.

내가 말을 받았다. "먼저 독려와 관련해 크리스가 뭘 할지 명확히 해줄 겁니다. 크리스의 직책을 최고운영책임자 같은 것으로 바꿀까 싶은데요."

크리스는 수첩에 무언가를 적었다.

나는 계속해서 말했다. "두 번째로, 업무 천재성을 토대로 각자 업무를 어떻게 바꿔야 할지 생각해보도록 하죠."

퀸이 손을 번쩍 들고는 호명되기를 기다릴 새도 없이 말했다. "제 업무 천재성 영역 하나는 이미 파악됐죠. 재스퍼 상무님보다 계획의 평가나 변경을 잘할 수 있으니 고객 계획을 세울 때 좀 더 일찍 참여해야 합니다."

재스퍼는 고개를 끄덕이며 농담을 하려다 참았다.

퀸이 말을 이어갔다. "그리고 실행에 들어갔을 때 재스퍼 상무님이 우리 팀의 작업을 점검해줘야 합니다. 저는 장애물에 부딪힐 때 너무 쉽게 타협하거든요."

이번에도 재스퍼가 동의했고 크리스는 또 메모했다.

"크리스가 이 내용을 전부 기록하고 모든 사람에게 해야 할 일을 상기시켜줄 테니 얼마나 좋은지 모르겠습니다." 나는 흡족해져서 말했다.

그때 에이미가 끼어들었다. "저기, 이참에 다들 업무 천재성을 한번 확인해보는 게 어때요?"

전원 찬성하자 크리스가 재빨리 화이트보드에 톱니바퀴 여섯 개 모델을 다시 그리고 그 안에 각각의 천재성을 적어넣었다.

나는 몇 가지 당부를 했다. "기억하세요. 이것은 여러분이 좋아하는 일을 말합니다. 확신할 수 없어도 무엇이 자신에게 에너지와 기쁨을 주는지 최선을 다해 추측해보세요."

10분 정도 모두 화이트보드를 응시하며 자신의 업무 천재성을 적었다. 크리스가 운을 뗐다.

여섯 가지 업무 천재성

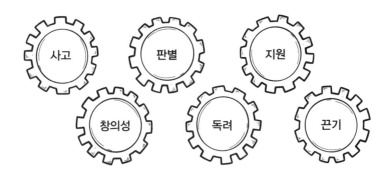

"자, 사장님부터 시작하죠."

"내 천재성은 창의성과 판별이라고 확신합니다."

사람들이 고개를 끄덕였다. 크리스는 내 이름을 해당 톱니바퀴 옆에 적었다. 전부 동의하자 그가 에이미를 가리켰다.

"제 천재성은 사고와 판별인 것 같아요."

모두가 몇 초 동안 그녀의 대답이 적합한지 숙고했다.

"맞힌 것 같네요." 마침내 재스퍼가 선언했다. "에이미 상무는 항상 질문을 하고 판단력도 뛰어나죠."

흐뭇해하는 에이미에게 재스퍼가 덧붙였다. "끈기는 없는 게 분명하고요."

사람들이 웃음을 터뜨리자 그녀도 장난스럽게 받아쳤다. "진짜

못됐다."

"그건 내가 인정했잖아요."

크리스가 다음으로 재스퍼를 가리키며 말했다. "그래, 못된 남자 재스퍼의 천재성은 뭐죠?"

"지원과 끈기예요, 그렇죠?"

에이미가 그를 놀렸다. "판별은 확실히 아니에요."

재스퍼는 웃으면서 계속 이야기했다. "인정하긴 싫지만 사실이에요. 저는 직감을 항상 신뢰하지는 않아요. 데이터를 좋아하죠. 사장님이 대체 어디서 직감을 끌어내는지 이해가 안 될 때가 많은데, 대개 그 직감이 맞으니까 그냥 믿는 거죠."

크리스가 두 사람의 이름을 화이트보드에 적고 린 쪽으로 고개를 돌렸다.

"저는 도움이 좀 필요해요……. 창의성과 독려는 아니라고 확실히 배제할 수 있어요. 그건 저한텐 악몽 같으니까요." 그녀는 마치 답이 튀어나오기라도 할 것처럼 화이트보드의 톱니바퀴들을 뚫어지게 응시했다. "끈기와 지원은 적당한 편인 것 같아요."

퀸이 끼어들었다. "맞아요. 그럼 판별과 사고가 린의 천재성이네요."

내가 덧붙였다. "무엇이 자신에게 기쁨과 에너지를 주는지 찾으면 된다는 것을 기억하세요. 그리고 본인이 판단하기를 즐기는지는 모르겠지만 린의 판단력은 환상적이에요."

그 말에 찌푸리고 있던 린의 얼굴이 밝아졌다. "네, 맞아요. 사장님의 아이디어를 평가하기는 아주 쉬워요. 사장님은 어디서 아이디어를 얻는지 몰라도, 전 일단 아이디어가 나오면 피드백을 주면서 어떤 아이디어가 가장 효과적일지 따져보는 게 정말 즐거워요."

에이미가 제일 먼저 대꾸했다. "린의 천재성이 판별이라는 것은 전적으로 이해됩니다. 확실한 아이디어다 싶을 때까지 따지고 들죠. 그런데 사고가 천재성이라는 사실은 좀 의외네요."

린이 웃으며 말했다. "집에서의 모습을 보면 깜짝 놀랄 거예요. 데이브가 그러는데 제가 창밖만 멍하니 보면서 몇 시간이고 공상에 잠겨 있대요. 회사에서 그러지 않을 뿐인 거죠."

"잠깐만요." 내가 끼어들었다. "지난 크리스마스에 자선단체 한 곳을 후원하자는 아이디어를 처음 낸 사람이 누구였죠?"

린이 제일 먼저 대답했다. "글쎄요, 시내의 노숙자 쉼터를 찾아낸 건 사장님이었죠."

나는 고개를 저었다. "하지만 한 자선단체에 집중해야 진정한 변화를 일으킬 수 있다고 말한 사람이 누구였죠?" 나는 대답을 기다리지 않고 말했다. "바로 린이었어요. 그리고 우리 인쇄 업체가 마땅치 않다고 줄곧 이야기했던 사람도 린이었어요."

크리스가 고개를 끄덕였다. "맞아요, 왜 더 나은 인쇄 업체를 찾지 못했는지 린이 계속 물어봐서 미칠 지경이었죠. '그 업체가 우리가 찾을 수 있는 최선이에요?'라고 몇 번이나 물어봤죠?"

린은 다섯 손가락을 모두 펼쳐 들어 보이고는 미소를 지으며 말했다. "최소 다섯 번."

크리스가 웃으며 말했다. "린과 에이미 상무 덕분에 항상 결정을 내리기 전 한 번 더 생각하게 되죠."

"그러나 우리가 여러분을 미치게 만들죠." 에이미가 받아쳤다.

"아니요, 얼른 일을 진행해서 끝내버리고 싶어 하는 재스퍼가 두 사람 때문에 돌아버리죠." 내가 다시 반박했다.

모두가 이 말에 동의했다.

크리스는 미소를 지으며 손을 들었다. "두 사람 때문에 저도 미치겠어요."

린이 웃으며 물었다. "크리스 이사님의 업무 천재성은 뭐죠?"

"독려하기를 좋아하고 끈기 있다고 정리했던 것 같아요."

"물론 그랬죠." 린이 맞장구쳤다. "크리스 이사님을 한마디로 표현하면 바로 그거죠."

"퀸의 천재성은 뭐였죠?" 에이미가 물었다.

"퀸의 천재성은 단연 지원이죠." 재스퍼가 치고 들어왔다.

나도 거들었다. "퀸의 또 다른 천재성은 판별이죠."

에이미도 말을 보탰다. "저는 프로젝트 성공 여부에 대한 다른 사람의 의견이 필요할 때마다 퀸을 찾습니다."

"전 사람들이 제 의견을 묻는 게 좋아요. 정말 무엇에 관해서든

제러마이아 팀의 업무 천재성

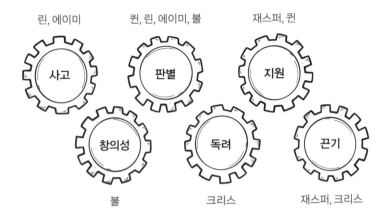

요." 퀸이 인정했다.

재스퍼가 큰 소리로 웃으며 퀸을 바라봤다. "나는 퀸보다 나이가 두 배나 많고 광고 경험도 훨씬 많은데 모든 문제에 퀸의 의견을 묻죠. 고객한테 뭔가를 보내기 전에 먼저 퀸에게 보여주고, 미디어 협력 업체를 결정하기 전에도 퀸에게 묻죠. 심지어 아내 생일선물로 뭐가 좋은지까지 물어봐요."

"그게 바로 판별 천재성이죠. 우리 모두 퀸이 판별력 있다는 데 동의하고요." 내가 쐐기를 박았다.

크리스가 퀸의 이름까지 화이트보드에 적자 우리 팀의 전체 그림이 완성됐다. 몇 가지 사항이 바로 눈에 들어왔다.

천재성, 역량, 좌절 구분하기

내가 먼저 운을 뗐다. "음, 이제 확실히 설명되네요. 사고, 판별, 지원, 끈기에 천재성이 있는 사람은 여럿인데 창의성과 독려에 천재성이 있는 사람은 단 한 명뿐이군요."

"그게 무슨 의미일까요?" 린이 딱히 누군가를 콕 집었다기보다 사람들을 향해 질문했다.

내가 입을 열 겨를도 없이 퀸이 곧장 대답했다. "사장님이 창의적 업무에 집중할 수 있도록 크리스 이사님이 독려를 도맡다시피 해야 한다는 뜻이죠."

에이미는 고개를 끄덕이며 동의하면서도 얼굴을 찡그렸다.

"뭐가 문제인가요?" 내가 물었다.

제러마이아 팀의 업무 천재성

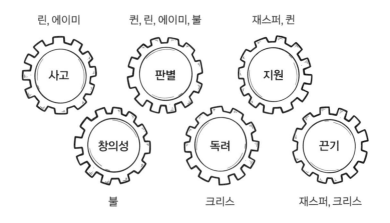

린, 에이미   퀸, 린, 에이미, 불   재스퍼, 퀸

사고   판별   지원

창의성   독려   끈기

불   크리스   재스퍼, 크리스

"글쎄요, 퀸이 정답을 말한 것 같은데 왠지 우리가 놓친 게 있는 것만 같아서요."

"좀 더 이야기해봐요." 나는 그녀를 재촉했다.

"모르겠어요. 그냥……." 그녀가 멈칫거렸다. "모르겠어요."

우리는 가만히 앉아서 에이미가 머릿속으로 생각을 정리할 때까지 기다렸다.

마침내 그녀가 입을 열었다. "다른 네 가지 말이에요."

"계속해봐요." 나는 에이미를 격려했다.

"설명하기가 어려운데……." 에이미가 주저하며 말했다. "그러니까 제가 좋아하는 일 두 가지가 있다면 그게 저의 업무 천재성이죠. 그건 알겠지만 다른 것들은 뭐라고 불러야 할까요?"

아무도 대답하지 않았다. 모두 화이트보드만 빤히 쳐다봤다.

"이게 내가 제일 좋아하는 일이죠." 나는 흥미로워하며 말했다.

"뭐가요?" 에이미가 궁금해했다.

"이렇게 새로운 것을 알아내려고 노력하는 거요. 나는 답이 곧 나올 것 같거든요."

재스퍼가 대꾸했다. "내가 이해하지 못하는 게 바로 그 점이에요. 사장님은 새로운 생각을 어떻게 해내는지, 왜 그걸 좋아하는지 도통 모르겠단 말이죠."

그러다 문득 생각이 났다. "좋아요, 재스퍼. 우리 함께 생각해봅시다. 아이디어가 떠오른 것 같아요. 재스퍼는 창의적인 일이 얼마나 싫은지 말해봐요."

"그냥 농담이었어요." 그는 약간 미안해하는 듯했다.

"아니, 난 진지해요. 재스퍼는 창의적인 업무가 얼마나 싫어요? 아니면 천재성이 있는 업무 말고 다른 업무들은 얼마나 싫어요?"

생각에 잠겼던 재스퍼가 이윽고 화이트보드를 보며 말했다. "글쎄요, 가끔은 저도 사고 업무를 할 수 있어요. 종종 심사숙고하기도 해요. 대개 맥주를 들고요."

한바탕 웃고 난 후 재스퍼가 말을 이었다. "저는 판별력이 좋은 사람이 아니라 아내 생일선물마저 퀸에게 물어봐야 하지만, 고객에게 무엇이 필요할지 직감하는 능력은 조금 있습니다. 그래서 그런 업무가 싫지는 않습니다." 그는 잠시 말을 멈췄다. "하지만 직원들을 독려해서 그다지 내켜 하지 않는 일을 억지로 시키는 것은 극히 싫다고 말할 수 있습니다. 차라리 제가 직접 하는 편이 낫죠."

"창의적 업무는 어때요?" 에이미가 궁금해했다.

"글쎄요, 아무런 지침이나 구조 없이 새로운 것을 생각해내라고 하면 속이 울렁거려요. 너무너무 싫어요."

나는 에이미에게 물었다. "에이미는 어때요?"

"창의적 업무를 싫어하냐고요?"

"아니요, 에이미의 업무 천재성이 아닌 나머지 네 가지를 어떻게 생각하는지 말해봐요."

"아, 그거요. 어디 보자. 창의성은 제 업무 천재성이 아니지만 꼭 해야만 한다면 할 수는 있습니다. 그래도 사장님처럼은 못 할 거예요."

에이미는 화이트보드를 살펴보며 잠시 말을 멈췄다. "때때로 다른 사람들을 지원해야 하는 경우도 괜찮습니다. 아주 좋아하는 일은 아니지만 꺼리지도 않아요."

그녀가 숨을 들이쉬었다. "그러나 아까도 말했듯이 사람들을 독려하는 건 정말 싫습니다. 기운이 쭉 빠져요. 그리고 인정하기 싫지만, 끈기가 없다는 재스퍼 상무의 말이 맞습니다. 저는 일을 끝내면서 기운이 생기지는 않아요. 프로젝트의 초기 단계가 지나면 흥미를 잃고 다음 업무로 넘어가고 싶어지죠."

크리스가 움찔했다. "에이미 상무나 끈기가 없는 다른 사람들을 모욕하고 싶지는 않은데요." 그가 머뭇거렸다. "하지만 그건 일종의 게으름 같아요."

"빵!" 재스퍼가 소리쳤다. "크리스 이사가 방금 에이미 상무에게 게으르다고 했어요."

우리 모두 웃음이 터졌다. 크리스만 빼고.

"제 말은 그런 뜻이 아니었어요." 그가 미안해하며 변명했다. "그렇게 들릴 수도 있다는……."

에이미가 그의 말을 끊었다. "무슨 말인지 알아요. 그런 뜻으로 받아들이지 않았어요." 그녀는 좀 더 생각해보다 말했다. "저는 게으르다고 여기지는 않아요."

"그렇다고 말하고 싶지만 에이미 상무가 게으르지 않은 건 저도 알아요." 재스퍼가 거들었다.

나도 문득 생각이 났다. "나는 일을 마무리하는 것을 좋아하지 않는 점에 항상 죄책감이 들었어요. 그것 때문에 가끔 내가 게으르다고 느끼기도 하고요. 그러나 업무 마무리는 단지 제 에너지를 가장 많이 소모하는 일 중 하나라고 생각합니다."

"사장님은 절대 게으르지 않아요." 린이 단호히 말했다. "그렇지만 하기 싫어한다는 이유만으로 업무 마무리를 맺지 못하는 것과 끈기 부족을 그냥 넘어가야 할까요?"

모두 내 대답을 바라는 듯했다. "절대 아니죠. 누구나 싫어하는 일도 해야 합니다. 다만 몹시 싫어하는 일을 너무 많이 해야 하는 직책을 맡긴다면 현명하지 않다는 거죠."

"싫어하지는 않지만 별로 좋아하지도 않는 일은요?" 린이 궁금해했다.

"그건 다르다고 생각합니다. 자신의 업무 천재성에 해당하지 않는 네 가지 활동을 구분해야 합니다. 우리가 정말 좋아하고 선천적으로 잘하는 것이 천재성이라면, 반대로 싫어하는 것들은 뭐라고 부를 수 있을까요?"

"고통요." 에이미가 제안했다.

크리스가 '고통'을 화이트보드에 썼고, 다 같이 그 용어가 적합한지 헤아려봤다.

나는 인상을 찌푸리며 말했다. "고통보다 좌절이란 단어가 더 좋은데요. 왜 그런지는 모르겠지만."

우리는 자리에 앉아 화이트보드를 응시하며 답이 나오기를 기다렸다.

정적을 뚫고 에이미가 입을 열었다. "네, 사실 좌절감이 핵심이죠. 괴로움보다 진이 빠지니까요. 좌절감이 맞아요."

재스퍼가 맞장구쳤다. "죽어라 용어에 매달리지는 말죠. 좌절이란 단어 좋네요."

크리스는 고통을 지우고 좌절을 적었다.

"그 중간의 범주는요?" 내가 다그쳤다. "천재성이 있는 것도 아니고 좌절하는 것도 아닌 일들 말입니다."

퀸이 제안했다. "역량이죠. 좋아하지는 않아도 얼마 동안은 썩 잘할 수 있는 일이니까요."

다들 마음에 든 것 같았다.

나는 선언했다. "그럼 됐네요. 업무 천재성에는 총 여섯 가지 유형이 있고, 모든 사람에게 각자 두 가지 천재성, 두 가지 역량, 두 가지 좌절 영역이 있습니다."

우리는 다른 무언가 또는 잘못된 무언가를 찾는 사람들처럼 자리에 앉아 가만히 화이트보드만 바라봤다. 거의 1분 동안 아무도 입을 열지 않았다.

침묵을 깬 사람은 크리스였다. "몇 주 동안 이 모델에 따라 일해보면서 어떤 걸 알게 될지 지켜봐야 할 듯합니다."

그 말에 동의하며 피로와 기대감이 뒤섞인 묘한 기분으로 모두 회의실을 나섰다. 나는 극도로 흥분된 마음을 누를 길이 없었다.

집안일의 돌파구를 찾다

그날 저녁 퇴근했을 때 애나는 이미 자신의 통찰을 실천에 옮기고 있었다. 그녀는 내 작은 사무실에 있던 화이트보드를 거실로 밀고 와 톱니바퀴 여섯 개를 그렸다.

그러고는 인사도 건네지 않고 본론으로 들어갔다. "그러니까 사고와 지원이 내 천재성이고, 창의성과 판별이 당신의 천재성이라면 우리 집은 망한 거네."

나는 웃음이 났다. "와, 당신이 재스퍼처럼 말하기 시작했어."

"미안." 그녀가 살짝 미소를 지으며 다가와 키스했다. "나 지금 정말로 흥분되고 걱정도 많이 돼."

등 대신 한쪽 어깨에 걸치고 다닌다며 아이들이 놀리는 백팩을 내려놓은 후 나는 화이트보드로 다가가 잠시 훑어봤다. 그리고 아내에게 업무 역량과 업무 좌절 영역에 대한 개념을 아직 설명하지 않았음을 깨달았다. 10분간 추가 설명을 들은 애나의 머릿속이 복잡해졌다.

"어디 보자. 우리 둘 다 독려나 끈기에는 천재성이 없지만, 다행히 독려가 내 업무 역량 중 하나네. 그런데 두 사람 다 끈기는 좌절 영역이고……. 그게 우리의 문제네."

"맞아. 둘 다 일을 마무리하거나 세부적인 문제로 씨름하는 걸 좋아하지 않잖아."

"아이고, 이제 여러 가지가 이해된다."

"아이고 할 만한 상황 맞아. 공과금이랑 청구서에 연체료가 붙고, 아이들은 학교에 지각하고, 지출에 신경 쓰지 않아서 가계 예산을 초과해버리잖아."

갑자기 깨달음이 찾아왔다. "오, 이런. 큰일이네."

"뭐가?"

"끈기가 있어야 하는 집안일 대부분을 당신이 책임진다는 사실을 방금 깨달았어. 나는 직원들을 독려해야 한다고 불평하지만 적어도 그건 내 업무 역량 중 하나야. 당신은 나만큼이나 세세한 사항과 마감, 실행을 싫어하는데 매일 해야 하는 일 대부분이 그것과 관련된 거네." 나는 아내가 몹시 안쓰러웠고 진즉 이런 사실을 알아채지 못했다는 게 미안했다.

애나와 불의 업무 천재성

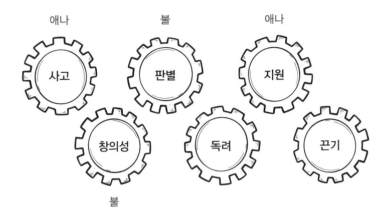

애나는 화이트보드를 들여다봤다. "음, 내 천재성이 지원이라서 내가 도와주기를 좋아하는구나. 성당 자원봉사 활동이나 차로 아이들을 태워다주고 컵스카우트 활동을 도와주는 건 정말 다 괜찮거든." 그녀는 조금 더 생각했다. "사람들을 돕는 동안은 진짜 행복한데, 여러 가지 세부적인 작업을 해야 할 때는 흥미를 잃어."

"그래서 크리스마스에 스무 명이나 불러 파티를 하거나 요리하는 것도 마다하지 않는……."

애나가 내 말을 끊었다. "하지만 매일 저녁 요리하는 건 싫고 청소라면 아주 끔찍해." 그녀가 웃었다. "추수감사절에 이틀이나 설거지를 하지 않고 싱크대에 쌓아놨던 거 기억해?"

"그건 내 탓이었지." 나는 잘못을 인정했다. "장인어른께서 우리 집에 들렀다가 주방을 보고 얼마나 충격받으셨는지 기억하지?"

"다신 날 안 보실 줄 알았어. 아버지는 확실히 끈기가 있어."

"차고는 어떻고." 나는 문득 깨달았다. "장인어른은 차고에 들어가실 때마다 우리가 집안의 수치인 것처럼 고개를 흔드시지."

"그럼 이제 어떻게 할까?"

"장인어른이 오시면 차고에 못 들어가게 해야지." 나는 무덤덤하게 대답했다.

"그거 말고. 우리의 끈기 부족을 어떻게 할 거냐고? 앞으로도 쉽게 끈기가 생기진 않을 텐데 말이야."

"글쎄……." 나는 잠시 그 문제를 생각했다. "첫째, 더 이상 스스로 형편없고 게으른 사람이라고 여기지 말자. 그건 단지 우리의 천재성이 아닐 뿐이야."

"도움이 되네. 그렇지만 남아 있는 일 자체는 어떻게 해?"

"그 일들을 맡길 수 있는 방법을 찾아야 할 것 같아."

"집사라도 고용해?" 그녀가 웃었다.

"〈우주 가족 젯슨〉 영화에 나오는 로봇을 구하자. 이름이 뭐였더라?"

"로지." 애나가 기억해냈다. "그래, 우리에겐 로지가 필요해."

"아니면 일주일에 두 번쯤 와서 집안일도 하고 행정적인 일을 처리해줄 사람을 고용할 수도 있지."

"행정적인 일들?" 애나가 의아해하며 대꾸했다. "그 방법은 잘 모르겠네."

"공과금 납부, 심부름, 빨래를 해줄 대학생이나 지인을 구할 수 있을 거야. 부업으로 돈을 벌고 싶은 사람에게는 괜찮은 아르바이트일걸."

"얼마나 빨리 시작할 수 있대?" 애나가 농담을 했다. "매일 아침 나한테 전화해서 일정이 어떻게 되는지도 알려줄 수 있대?"

그녀의 말에 잊고 있던 기억이 떠올랐다. "젠장."

"왜 그래?"

"내 일정 말이야. 오늘 밤 성당에서 회의가 잡혀 있는데 방금 생각났어."

"무슨 회의?"

"당신이 나를 지원자로 넣은 세계 축제 기획위원회 회의 말이야." 나는 삐죽거리며 설명했다.

그녀가 내 말을 듣고 움찔했다. "미안. 나는 거절을 잘 못하는데다 당신이 성당 일에 좀 더 참여하겠다고 했잖아."

"봐, 그게 바로 지원 천재성이라니까. 당신은 거절하는 걸 좋아하지 않지. 나한텐 그리 어려운 일이 아닌데 말이야."

"당신이 가서 위원회에서 빠진다고 말할 수 있겠어?"

"아니야. 내가 더 참여하겠다고 한 거잖아. 봉사 시간을 늘려야 해. 갔다 올게."

"몇 시에 시작해?"

나는 시계를 확인했다. "5분 전."

애나가 나를 안심시켰다. "괜찮아. 미사 외에는 제시간에 시작하는 게 없어."

나는 집을 나섰다.

위원회 회의에 참여하다

애나가 단언했던 대로 12분 후 도착했을 때 세인트매슈 성당 회의실로 들어서는 사람은 나뿐만이 아니었다. 회의실에는 나와 나보다 겨우 몇 살 위인 존 신부님을 포함해 일곱 명이 모여 있었다.

"여러분, 시작하겠습니다." 신부님이 선언했다. "그래야 너무 늦지 않게 마칠 수 있겠죠."

모두 자리에 앉자 존 신부님이 시작 기도를 했다. 그리고 누군지는 잘 몰라도 미사에서 본 적 있는 나이 든 남자가 회의실 앞으로 나와 이야기했다.

"오늘 밤 참석해주신 여러분에게 감사드립니다. 저는 핀 콜린스라고 합니다. 밥과 페기 칼슨이 그만둔 후 7년간 제가 세계 축제를 진행해왔습니다. 아시겠지만 지난 몇 년 동안 축제에 참석하는 사람들이 점점 줄어들고 지난해 행사에서는 사실상 적자가 났습니다. 올가을에는 축제가 다시 활기를 찾고 수익도 낼 수 있기를 바랍니다."

내가 끼어들었다. "저기요, 핀! 희망이 전략은 아니죠."

실제로 그런 맥 빠지는 소리를 하지는 않았다. 본당 회의에서 지나치게 직설적인 말과 가감 없이 솔직한 의견은 사람들의 기분을 상하게 하는 경우가 많다는 것을 나는 어렵사리 배웠다. 게다가 듣기에 몹시 불쾌한 말이었을 것이다. 그래서 아무 말도 하지 않았다.

핀이 말을 이었다. "그럼 책임을 분담하도록 하죠. 축제 당일까지 정확히 세 달 남았는데 7년 동안 제가 배운 점이 있다면 축제 준비에 그 시간이 다 필요하다는 것입니다."

핀은 우리가 지원하게 될 여러 역할과 관련 있을 서류를 나눠줬다. 그때 내 뒤에 있던 누군가가 부드러운 목소리로 훌륭한 질문을 했다.

"세계 축제의 목적에 관해 이야기해볼 수 있을까요?"

같은 줄에 앉은 다른 세 명의 남자와 함께 뒤를 돌아보니, 회의실 뒤편에 키 작은 여성이 앉아 있었다. 회의실에 도착했을 때만 해도 그녀나 그녀의 품에 안겨 자는 아기를 눈치채지 못했다.

핀은 곤혹스러운 표정이었다. "음……." 그는 존 신부님을 쳐다봤다. "세계 축제는 우리가 매년 하는 본당 활동 중의 하나입니다."

나는 그가 설명을 계속할 줄 알았다. 아마 다른 사람들도 그랬을 것이다. 모두가 조용히 기다렸으나 그는 거기서 멈춰버렸다.

아기를 안은 여성이 다시 물었다. "네, 압니다. 그런데 우리는 왜 해마다 이 축제를 여는 걸까요?" 그녀는 답을 기다리지 않고 말했다. "과연 이 모든 계획과 준비를 할 만한 가치가 있는 축제일까요? 축제가 뭔가 달라지거나 지금보다 나아질 수 있을까요?"

회의실 안은 조용하기만 했다. 핀은 존 신부님을 쳐다봤지만, 신부님은 맨 앞줄에 앉은 다른 사람을 바라보고 있었다. 그녀의 발언은 온당할 뿐만 아니라 별다른 악의도 없었건만 회의실에는 긴장감이 감돌았다. 핀이 방귀라도 뀐 줄 알았을 정도였다.

이번엔 정말로 끼어들어야겠다고 결심했다. "마땅히 따져볼 질문인 것 같습니다. 사안이 적절한지 때때로 검토해보는 건 좋은 생각이죠."

핀이 잠시 나를 흘낏 봤는데 마치 첫째 줄의 접이식 의자를 뛰어넘어와 내 목을 조를 것만 같은 눈빛이었다. 다행히 그러지는 않았다. 설령 그랬더라도 제압할 수 있었으리라 확신한다. 핀은 건장한 편이 아니었기 때문이다.

존 신부님 옆에 앉은 여성이 핀의 뒤를 이어 말했다. "25년 동안 해온 행사의 목적에 새삼 의문을 제기하는 것은 시간 낭비라고 봅니다."

그때 불현듯 업무 천재성 모델이 떠올랐다. 아기를 안은 키 작은 여성은 까다롭게 군 것이 아니라 그저 궁금했을 뿐이다. 그녀를 구해줘야 했다. 열성 신자처럼 보이는 부인과 맞서야 한대도 말이다.

"잠깐만요, 여러분." 나는 아기를 안은 여성을 돌아보며 말했다. "방금 하신 질문은 좋은 질문이고, 중요한 문제라고 생각합니다. 이를 비판으로 받아들여서는 결코 안 될 것입니다."

그렇지 않아도 조용했던 회의실이 더욱 정적에 휩싸였다.

"물론 성사는 예외지만 그 밖의 본당 활동은 항상 그것이 가치 있는 일인지, 목표를 달성해줄지 먼저 자문해봐야 합니다. 우리는 혹여 누군가의 기분을 상하게 할까봐, 기존의 활동을 멈추는 경우가 그리 많지 않은 것 같습니다."

처음에는 아무도 입을 열지 않았다. 그러자 존 신부님이 소리쳤다. "정말요? 저도 몇 년째 그렇게 느끼고 있었습니다! 프로그램이나 사역, 활동이 잘 굴러가지 않더라도 차마 제가 없앨 수는 없다고 생각해서 많은 일을 유지해왔습니다. 그러다 보니 이제 어느 것도 훌륭히 치를 자원과 시간이 남지 않았습니다."

열성적인 신자 같은 부인과 핀이 발끈하리라고 반쯤 예상했으나 놀라운 일이 일어났다. 그들은 도리어 안도하는 듯했다.

핀이 나섰다. "오해하지 마세요, 여러분. 한발 물러서서 이 행사를 전면 재평가한대도 저는 괜찮습니다." 그는 미소를 지었다. "다만 신성한 행사인데 제가 딴소리를 하면 모두 화를 낼 줄 알았을 뿐입니다."

핀이 웃기려고 했던 것인지는 잘 모르겠지만 그 말에 다 함께 웃음이 터졌다.

그가 계속해서 말했다. "제가 타호건축을 운영했을 때는 더 중요한 프로젝트의 진행을 방해하는 다른 프로젝트들을 접기 위해 여섯 달마다 업무 검토를 했습니다."

내가 제대로 들은 게 맞나? 졸려 보이는 성당의 자원봉사자 핀 콜린스가 리노·타호 지역에서 가장 큰 건설 회사를 운영했다고? 그를 과소평가했던 나 자신이 부끄러웠다.

열성적인 신자 같은 부인이 끼어들었다. "음, 제가 아메리칸항공의 사장이었을 때도 그랬죠." 농담이 아니다. 정말로 그렇게 말했다. 물론 그녀는 핀을 놀린 것이었고 나를 포함한 모두가 결국 큰 소리로 웃었다. 알고 보니 그녀는 생각보다 유머 감각이 뛰어난 사람이었다. 나는 멋대로 사람을 판단하지 말아야겠다고 결심했다.

죄책감을 느끼면서 더 이상 참지 못하고 손을 들고 말했다. "저는 불 브룩스라고 합니다. 제가 제안하고 싶은……."

아기 엄마가 내 말을 끊고 흥분한 목소리로 말했다. "아, 선생님이 애나의 남편이군요."

열성적인 부인도 베티라고 자신의 이름을 밝히며 말했다. "나는 선생님의 부인을 정말 좋아한답니다. 애나는 우리 봉사자들 가운데 최고죠."

죄책감은 아내에 대한 자부심으로 바뀌었다. "애나에게 전해 드리죠. 감사합니다." 그리고 잠시 후 말을 이었다. "괜찮으시다면 이 문제에 관해 짧게 논의하고 싶은데, 제가 진행해도 될까요? 저희 광고대행사에서 써본 방법인데 도움이 될 것 같습니다."

"그거 좋겠네요." 핀이 진지하게 대답한 후 회의실 앞으로 나오라고 손짓했다. 고맙게도 거기에는 화이트보드가 있었다.

성당에서 알려준
업무 천재성

갑자기 나는 조금 불안해졌다. 이들 앞에서 바보처럼 굴어 성당에서 유명하고 인기 많은 아내의 체면을 깎고 싶지 않았기 때문이다. 시간을 벌 셈으로 마커를 집어 들고는 화이트보드로 다가갔다.

"자, 축제의 목적을 이야기하기 앞서 먼저 저희 회사에서 알아낸 사실들부터 알려드리겠습니다."

톱니바퀴까지 그릴 시간은 없을 것 같아 여섯 개의 원으로 대신했다.

"학교 운영이든, 새로운 가족센터를 위한 기금 마련이든, 축제 조직이든 모든 일에는 여섯 개의 과정이 있습니다."

나는 첫 번째 원에 사고라는 단어를 썼다. "자매님이 몇 분 전에 했던 일이죠." 나는 아기 엄마를 가리키며 말했다.

"저는 테리라고 해요." 그녀가 미소를 지으며 말했다.

"안녕하세요, 테리. 이것은 테리가 '우리는 축제를 왜 하는 거죠?'라고 질문했을 때 했던 일입니다."

나는 사람들을 보며 말했다. "테리는 궁금해하고, 고민하고, 숙고하고, 중요한 질문을 했죠. 그게 모든 일의 첫 단계입니다."

존 신부님이 웃으며 말했다. "로렌조 부인의 생각 덕분에 가족 센터를 짓게 됐죠. 그녀가 제게 와서 그랬거든요. '자녀가 있는 엄마들이 좀 더 편히 본당에 자원봉사나 성경공부, 고해성사를 하러 오게 도와줄 방법이 있을 거예요.' 저는 로렌조 부인이 그 말을 했던 날을 항상 기억할 것입니다."

"테리는 다른 일상생활에서도 생각이 많을 겁니다." 나는 이 추측에 대해 맞든 틀리든 확답해달라는 뜻으로 말을 던졌다.

내가 꿰뚫어 봤다는 듯 테리가 웃었다. "저는 항상 그래요. 그래서 남편이 미치려고 하죠."

나는 계속 말했다. "아마 사고는 테리의 업무 천재성 중 하나일 것입니다."

"업무 천재성이 뭐죠?" 핀이 물었다.

"천부적인 천재성, 여러분에게 에너지와 기쁨을 주고 어떤 일을 대체로 잘하게 하는 선천적 재능을 말합니다."

존 신부님이 미소를 지으며 고개를 끄덕였다. "알겠습니다. 맞아요, 로렌조 부인은 생각하고 궁금해하는 데는 천재적이었죠."

"그래서 그분이 질문을 한 다음에 무슨 일이 있었나요?"

"글쎄요, 한참 심사숙고했던 것 같아요."

"그런데 어떻게 가족센터가 생겼죠?"

"음……." 신부님은 얼굴을 찡그리며 기억해내려고 애썼다. "잭 마르티네스가 교실과 화장실, 탁아시설, 미디어센터가 다 갖춰진 건물을 짓자는 아이디어를 냈을 거예요."

"그것이 일의 두 번째 단계입니다." 나는 원에 적으면서 설명했다. "창의성. 누군가는 해결책, 새로운 아이디어, 제안을 내놔야 합니다. 어떤 사람들은 그런 천재성을 가지고 있습니다."

사람들이 메모를 하기 시작했다. 나는 훌륭한 태도라고 생각하며, 계속해서 판별, 독려, 지원, 끈기에 관해 10분 정도 설명했다. 이제 모두가 이해한 듯했다! 믿을 수가 없었다.

여섯 개의 원을 화이트보드에 그려놓고서 축제 이야기로 돌아갔다.

"그럼 사고로 시작해보죠. 이 축제의 목적은 무엇일까요? 어떻게 개선할 수 있을까요?"

존 신부님이 먼저 말했다. "저는 우리의 신앙 그리고 봉사와 더 연관 있는 축제가 됐으면 합니다. 기분 나쁘게 듣지 말아요, 핀."

"전혀요, 신부님. 전 사고나 창의성에는 천재성이 없는 것 같습니다. 대신 끈기는 강한 사람이니까 방향을 제시해주면 그대로 해내겠습니다."

존 신부님은 안심한 듯했다. "어떻게 하면 더 믿음이 충만하고, 자선의 성격도 강하고, 열정적인 축제로 만들 수 있을까요?"

내가 손을 들었다. 앞에 서서 손을 드니 뭔가 어색했다. "아이디어가 하나 있습니다."

"창의성이 선생님의 천재성인가요?" 베티가 상냥하게 물었다.

"사실 그렇습니다." 나는 최대한 겸손한 태도로 인정했다. "저는 자꾸 새로운 아이디어들을 떠올리고는 합니다. 그렇게 하지 않아야 할 때도요."

그녀가 웃으며 말했다. "지금은 선생님의 창의적인 아이디어가 필요해요."

나는 미소를 지었다. "제 생각은 이렇습니다. 출신 국가별로 전통 음식을 준비하고 자국의 성인들을 중심으로 문화를 소개해주면 어떨까요?"

존 신부님이 자세를 바로 하며 미소 지었다. "저는 좋습니다."

나는 계속 이야기했다. "그리고 어른이 아이를 위해 축제를 여는 대신에 아이들을 직접 참여시켜 밸리 지역 극빈층 학교의 가족을 위한 축제를 열면 어떨까요? 음식을 대접하고, 게임이랑 페이스페인팅 같은 것도 하고요."

잠시 입을 다문 사이 생각난 게 또 있었다. "모두가 자녀를 선교 여행에 보내고 싶다고 하면서도 막상 해외로 가는 걸 꺼리죠. 음, 가까운 곳에도 도움이 필요한 사람들이 많으니 이걸 봉사 프로그램으로 만들 수도 있겠네요."

"글쎄요, 우리는 이미 적자니 그 프로그램까지는 걱정할 필요가 없을 것 같아요." 핀이 말했다.

모두가 웃었다.

회의 참석자들 가운데 한 남자가 말했다. "저기, 만약 봉사 활동 프로그램으로 만든다면 비용을 충당할 기부금은 제가 받아올 수 있습니다. 축제를 위한 기부금은 부탁하고 싶지 않지만, 가난한 사람들을 돕기 위한 축제라면 도와줄 사업체가 많을 겁니다. 적자는 안 낼 거라고 확신합니다. 그럼 지난해보다 나은 거죠."

"멋진데요!" 베티가 말했다.

그 후 30분 동안 브레인스토밍을 했다. 오르차타 음료로 채운 수조에 존 신부님 빠뜨리기 게임을 하자는 내 제안을 포함해 몇 가지 아이디어는 거부당하기도 했다. 사실 그런 제안은 하지 않았지만, 집에 돌아와 애나의 놀란 표정을 보고 싶어 그랬다고 우겼다.

회의를 끝낼 때쯤 축제 계획의 윤곽이 잡혔다. 존 신부님은 자신과 베티가 사람들을 독려하겠다고 밝혔고, 핀의 끈기 덕분에 세계 축제는 생명이 연장될 것이며, 그렇게 만든 나는 멋진 사람이라는 확신이 들었다. 이 역시 농담이다.

신기루가 아닌 현실이 되다

다음 날 내 업무나 다른 직원들의 역할이 앞으로 어떻게 변할지에 대한 흥분과 안도감으로 큰 기대를 안고 출근했다. 그러나 다들 전날 이야기했던 내용은 잊고 예전 습관으로 돌아가 실제로 변한 건 아무것도 없었다. 이에 잔뜩 실망해 세 걸음 앞으로 나아갔다 두 걸음 반 뒤로 물러났다고 탄식하는 이야기가 나와야 할 부분이다.

아니, 그런 일은 일어나지 않았다. 우리가 일곱 난쟁이처럼(물론 투덜이 그럼피는 제외하고) 팔짝팔짝 뛰면서 사무실로 들어온 건 아니다. 하지만 모두가, 한 사람도 빠짐없이 모두가 여전히 자신의 업무 천재성과 업무 좌절에 관해 이야기했다.

그리고 다들 집에 가서 배우자나 친구들과 우리 모델에 대해 토론하고서 재미있고 의미 있는 이야깃거리를 들고 왔다. 확실히 뭔가 벌어지고 있었다. 그중 최고는 크리스였다. 그는 가장 일찍 출근해서 임원들에게 전원 출근하는 대로 회의를 하자고 말한 뒤 우리를 회의실로 데려갔다.

그는 나를 바라보며 말했다. "저는 사장님이 어제 했던 말을 진지하게 받아들이기로 했습니다. 여기서 독려를 한번 해보려고 합니다."

처음에는 아무도 입을 열지 않았다. 반응이 없자 크리스가 약간 불안한 기색을 보였다.

나는 짐짓 거만한 투로 말했다. "먼저 나한테 개인적으로 말했어야 하지 않아요?"

1.5초밖에 안 되는 순간이었으나 크리스의 표정을 보자 이 멍청한 장난이 후회됐다. 나는 즉각 해명했다. "농담이에요, 농담. 농담한 거예요."

재스퍼는 대단히 재미있어했지만 적어도 크리스가 내 말에 전혀 심각성이 없었단 걸 깨닫기까지 다른 이들은 즐거워하지 않았다. 농담할 때는 더 신중하게, 판별력을 발휘하라고 스스로 다짐했다.

나는 계속 이야기했다. "크리스가 독려를 맡겠다면 이렇게 해주면 좋겠어요. 밀어붙이고 모험을 해봐요. 우리를 조금 불편하게 만들어줘요."

그 후 한 시간 동안 기존 고객들을 검토하고, 새로운 고객을 확보할 최상의 기회를 논의하고, 그달의 우선순위를 정리했다. 환상적이었다. 나는 여전히 대표였지만 이제 내가 모든 질문을 하며 직원들에게 업무를 명확히 파악하라고 닦달할 필요가 없었다.

크리스는 지금껏 봐온 그 어느 때보다 몰입한 듯했다.

업무에 대해 논의하는 과정에서 퀸이 나를 도와 직원들의 자기계발 관리에 더 집중할 수 있도록 업무 일부를 변경했다. 서른여섯 시간 전에 우리가 생각했던 퀸의 직무와 상관없이, 지원과 판별이라는 그녀의 천재성에 비춰 볼 때 완벽한 역할이었다.

회의를 끝낸 후 네 시간 동안 나는 오로지 아이디어에만 집중했다. 에이미와 함께 표적으로 삼을 잠재 고객에 관해 이야기했고, 린과는 리조트 홍보를 위한 디지털 광고와 문자 광고를 브레인스토밍했다. 재스퍼의 요청으로 회사의 아주 오래된 고객 중하나를 위해 그 팀에서 해온 작업을 검토했다.

이 네 시간은 몇 달 만에 회사에서 보낸 최고의 시간이었다. 에이미, 린, 재스퍼와 그들의 팀에도 정말 생산적인 시간이었다.

늦은 오후에는 크리스, 퀸, 에이미와 함께 프로젝트의 구성, 인력 배치, 성공 여부를 평가하는 방법을 체계화했다. 이런 생각을 그때 처음 한 건 아님을 분명히 밝혀야겠다. 내가 멍청이는 아니니까. 다만 이 일을 나보다 더 잘하고 즐길 사람들이 주변에 있으니 훨씬 효과적으로 할 수 있었을 뿐이다.

그날 밤 퇴근하고서야 하루 동안 얼마나 많은 변화가 일어났는지 깨달았다. 그 사실을 먼저 알아차린 사람은 애나였다.

회사에서 보낸 최고의 하루

아내는 주방에서 아이가 케사디야 만드는 것을 돕고 있었다. 화재경보기가 울리지 않도록 환풍기를 켜고 창문도 열어둔 상태였다. 처음에 만든 것을 태운 모양이었다.

폭풍이 몰아치는 것 같은 상황에서도 아내는 나를 보고 신난 듯했다.

"어젯밤 성당에서 무슨 일이 있었는지 왜 말 안 했어?" 그녀는 행주를 흔들어 연기를 흩트리면서 물었다.

"자고 있길래 깨우고 싶지 않았어."

"그래서 무슨 일이 있었는데?" 그녀가 미소를 지으며 물었다.

"이미 알고 있는 것 같네. 어떤 얘기를 들었어?"

행주를 내려놓으며 아내가 설명했다. "베티가 당신이 축제를 다시 설계하게 도와줬다고 하더라. 그리고 당신이 재미있대."

"그게 내 목표였어. 웃기는 거."

"무슨 말인지 알잖아. 당신이 정말 도움이 됐다던데. 대체 뭘 한 거야?"

나는 연기가 덜 빠진 주방의 식탁에 앉아서 어떻게 업무 천재성 모델을 사용해 사람들이 대화를 정리하도록 도왔는지 설명했다. 회의 참석자 몇 명을 어떤 식으로 과소평가했는지, 회의가 끝나고 그들이 어떻게 나를 어깨에 태우고 나왔는지도 말해줬다.

아내가 행주로 나를 때렸다.

그리고 중요한 질문을 했다. "회사에서는 어땠어?"

나는 숨을 깊이 들이쉬고 잠시 생각한 후 가볍게 대답했다. "요 몇 년 사이 최고의 하루였던 것 같아."

"와." 그녀의 눈이 커졌다. "변화가 있었네. 더 이야기해봐."

나는 크리스와 아침 회의, 그리고 퀸의 새로운 직무에 관해서 말해줬다.

"변화에 대한 직원들 생각은 어때?"

"확신할 수는 없지만, 솔직히 아주 좋아하는 것 같아." 그녀에게 오후시간이 어땠는지도 알려줬다. 참으로 재미있었다고 말이다.

"회사에서 이렇게 즐거운 하루를 보낸 건 몇 년 만에 처음 있는 일이야."

아내는 진심으로 놀라워했다. "그런데 그게 정말 어제 이야기
했던 그 모델 덕분인 것 같아?"

"응. 이제 겨우 하루를 보냈을 뿐이긴 하지만."

직원들을 위한 설명회

다음 날 퀸은 본래의 용도보다는 마치 회의실처럼 보이는 내 사무실로 아이디어 하나를 들고 찾아왔다.

"오늘 제가 꼬맹이들에게 업무 천재성을 설명해줘도 될까요?"

꼬맹이들은 우리 회사에서 일하는 주니어, 젊은 직원들을 가리키는 말이었다. 의아할지 모르겠지만 그들이 직접 지은 별명으로 셰인, 마케나, 맥스, 크리스틴, 커스틴이 바로 꼬맹이들이었다.

그중 가장 열심히 일하는 직원은 크리스틴이었다. 흠이 있다면 사람들이 이름 때문에 커스틴과 혼동한다는 점뿐이었다. 그런 혼란을 피하기 위해서라도 커스틴을 해고하는 게 좋겠지만 그러지 않았다. 나는 그 정도로 다정한 사람이다. 사실은 성과 수준은 달라도 둘 다 훌륭한 젊은이기 때문이다.

"조건이 하나 있습니다. 나도 함께 설명하게 해줘요."

고맙게도 그녀는 나의 참석을 반겼다. 하지만 그녀도 조건 하나를 내걸었다.

"맥스에게 여전히 문제가 있다는 건 알아두세요. 제가 세부사항과 후속조치를 챙기라는 말을 대여섯 번은 했어요. 맥스도 나아지기 위해 진심으로 노력하는 것 같긴 해요. 그런데도 또 같은 문제가 생기죠. 맥스가 회사에서 살아남을지 모르겠어요."

가슴이 철렁 내려앉았다. 나는 정말로 꼬맹이들을 좋아했고 맥스를 응원했다. 그는 진정으로 겸손하고, 광고 일에 열의가 있으며, 열심히 일하는 듯 보였다.

"맥스가 일을 잘 해내지 못한다면 여기가 그에게 맞는 직장이 아닌가 보죠. 채용 당시에는 회사랑 잘 맞는 사람 같았는데 아쉽네요."

퀸도 약간 낙담한 듯 고개를 끄덕였다. "알아요. 저도 같은 생각을 했으니까요. 하지만 맥스의 실수들 때문에 미치겠어요."

나는 퀸의 판단을 믿는다고 확실히 말해준 후 나중에 설명회에서 보자고 말했다. 우리는 피자를 배달시키고 분위기를 풀어줄 재스퍼도 같이 부르기로 했다. 그때는 재스퍼의 참여가 얼마나 중요하고 큰 역할을 할지 전혀 알지 못했다.

해고 위기에 처한
맥스를 구조하라

퀸과 나는 번갈아 가며 꼬맹이들에게 여섯 가지 업무 천재성 유형을 설명했다. 다들 전체 개념을 빠르게 이해할 만큼 진심으로 관심이 있는 것 같아 마음이 놓였다.

모두가 자신에게 해당하는 천재성을 파악하기까지 시간이 좀 걸렸지만 결국 이렇게 명확히 정리됐다. 셰인의 천재성은 독려와 지원, 마케나의 천재성은 독려와 끈기, 맥스의 천재성은 창의성과 판별, 그리고 크리스틴과 커스틴의 천재성은 아니나 다를까 지원과 끈기였다. 솔직히 이 모든 사실을 똑바로 기억하려고 애쓰느라 머릿속이 어지러웠는데 재스퍼가 화이트보드로 가서 새로운 방식으로 결과를 적었다.

주니어들의 업무 천재성과 좌절 영역

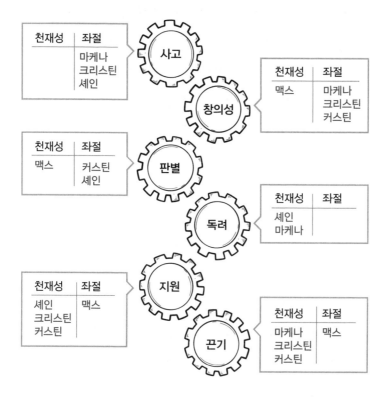

천재성	좌절
	마케나
	크리스틴
	셰인

천재성	좌절
맥스	마케나
	크리스틴
	커스틴

천재성	좌절
맥스	커스틴
	셰인

천재성	좌절
셰인	
마케나	

천재성	좌절
셰인	맥스
크리스틴	
커스틴	

천재성	좌절
마케나	맥스
크리스틴	
커스틴	

사고 / 창의성 / 판별 / 독려 / 지원 / 끈기

그는 각 영역마다 이에 천재성이 있는 사람들의 이름뿐만 아니라 좌절을 느끼는 사람들의 이름도 같이 나열했다. 그 의미를 생각해볼 겨를도 없이 꼬맹이들이 바로 말을 꺼냈다.

"우리 중 세 명은 끈기에 천재성이 있네요. 여자들 모두요." 셰인이 말했다.

"맞아, 우리는 남자 직원들 뒷정리해주는 데 지쳤어." 마케나가 놀리자 모두가 웃었다.

재스퍼가 끼어들었다. "잠깐만." 꼬맹이들이 주목했다. "그런데 셰인의 업무 역량, 즉 중간 정도인 능력 하나가 끈기군요." 그가 셰인을 향해 말했다.

"그게 왜 중요하죠?" 셰인이 물었다.

"음, 끈기가 부족한 사람은 단 한 명이거든요." 재스퍼가 잠시 멈췄다 말했다. "바로 맥스."

갑자기 회의실 안이 원래보다 조용해졌다. 맥스에게 시선을 돌리자 그가 불편해하는 모습이 보였다.

퀸이나 내가 뭐라고 이야기할 사이도 없이 재스퍼는 상상할 수 있는 가장 직설적이면서도 우아한 방식으로 말을 이어갔다. "맥스는 몇 가지 업무에서 세부적인 부분을 처리하는 데 문제가 있었죠?"

조금 전까지는 분명하게 못 느꼈더라도 이제 확실히 맥스는 불편해하고 있었다. "어, 네, 그랬죠."

"그럴 때 기분이 어땠어요?" 재스퍼가 물었다.

맥스는 주저하며 말했다. "음, 아주 끔찍했죠. 제 말은……."

재스퍼가 중간에 말을 끊었다. "그래서 놀랐나요? 그러니까 사장님이 맥스의 업무를 처리해야 한다면 맥스보다 더 잘할 수 있을까요?"

맥스가 나를 바라봤다. 나는 미소를 띠고 어깨를 으쓱이며 그가 편한 마음으로 대답하게 해주려고 노력했다.

"글쎄요, 모르겠습니다." 맥스가 인정했다.

나는 대화에 끼어들며 재스퍼를 향해 말했다. "광고대행사에 입사했던 첫해 기억나요? 프레젠테이션에서 중요한 내용을 빠뜨린 나를 재스퍼가 구해준 게 몇 번이었죠?"

"아, 사장님은 정말 악몽이었죠." 재스퍼가 동의했다. 바로 "맥스처럼요."

그 말을 듣고 맥스가 웃자 비로소 회의실에 있던 모두가 안도했다.

"사장님의 문제가 뭐였죠?" 재스퍼가 내게 물었다.

나는 미소를 지으며 대답했다. "나도 어떤 업무에선 엉망이었지만 내 기억이 옳다면 재스퍼도 마찬가지였죠."

"물론 저도 그랬죠." 재스퍼는 조금도 빈정대는 어조가 아니었다. "새로운 아이디어를 생각해내거나 프레젠테이션 도중에 고객에게 피드백을 줘야 하면 똥을 쌌죠."

다들 웃음을 터뜨렸다.

"아니, 정말입니다." 재스퍼가 정색했다. "그런 일에 아주 서툴렀죠. 물론 실제로 똥을 싸지는 않았지만."

회의실 안의 웃음소리가 잦아든 후 그가 말을 이어갔다. "회사에서는 둘 중 하나를 할 수 있었을 겁니다. 모든 업무에 미흡한 우리 두 사람을 다 해고할 수 있었겠죠." 그는 잠시 말을 멈춰 주목을 끌었다. "아니면 서로 보완해주면서 계속 함께 일하게 할 수 있었어요. 고맙게도 회사는 후자를 선택했습니다. 그러지 않았다면 우리는 오늘 여기 없었겠죠."

그때 퀸이 끼어들었다. "맥스, 요즘 프로젝트 대부분을 같이 하는 사람이 누구죠?"

그가 회의실 안을 둘러보다 대답했다. "셰인이랑 에이미 상무님요."

나는 배심원단에게 변론하는 변호사처럼 자리에서 일어섰다. "둘 다 끈기에 천재성을 가지고 있지는 않죠?"

퀸이 고개를 끄덕였다.

"그럼 맥스는 아주 망했겠군요, 그렇죠?" 나는 과장되게 맥스에게 물었다.

"자네 진짜 망했다." 재스퍼가 받아쳐 모두가 웃었다.

"팀에 끈기를 가진 사람이 없다고 해서 부주의한 실수를 해도 괜찮은 건 아닙니다." 퀸이 나섰다. 가혹한 말로 들리겠지만 그녀는 매우 부드럽게 말했다.

나도 동의했다. "물론 그게 변명이 될 수는 없습니다. 하지만 중요한 설명은 되죠. 그리고 우리가 그 팀을 구성했을 때 어떤 일이 일어날지 예상할 수 있었다고 해야겠죠."

퀸은 약간 혼란스러워 보였다.

"우리가 직원들의 업무 천재성 분석표를 알고 있었다면 말이죠." 내가 덧붙였다.

그러자 맥스가 가장 중요한 질문이면서 배짱이 좀 필요한 말을 했다. "그럼 이제 어떻게 해야 할까요? 저는 절대로 마케나나 커스틴, 크리스틴만큼 세세한 업무를 잘 처리하지는 못할 거고 아마 셰인만큼도 못할 텐데요. 어쩌면 이 일이 저한텐 맞지 않나 봅니다."

그의 대담한 발언에 다들 놀라 잠시 침묵이 흘렀다.

재스퍼는 이렇게 말해 나를 또다시 놀라게 했다. "내 생각은 이래요. 인정하기는 싫지만 사장님에게 배운 건데요." 그가 맥스를 보며 말했다. "맥스가 우리 회사의 문화와 맞는다면 여기 계속 다녀야죠. 그렇지 않다면 다른 회사를 알아보게 해야겠죠."

다시 침묵이 흐른 후 재스퍼가 입을 열었다.

"내가 자신 있게 말할 수 있는데 맥스는 우리 회사 문화와 잘 맞아요. 단지 잘못된 직무를 맡았을 뿐인데 그건 우리 잘못이죠."

"맥스는 어떤 직무를 맡아야 할까요?" 마케나가 물었다.

"잘 모르겠지만 세부 작업이나 마무리 작업은 아니겠죠." 재스퍼가 말했다. 끝난 줄 알았던 그의 말이 이어졌다. "사장님에게 그런 직무를 맡긴다면 실패할 거예요. 그건 내가 압니다. 사장님이 맥스 나이일 때 구해준 사람이 나였으니까요."

맥스는 마지못해 고개를 끄덕이며 말했다. "그런 것 같아요……. 그런데 만약 제 적성에 맞는 직무가 없다면요?"

또 다른 대담한 발언이었다. 나는 점점 더 맥스가 좋아졌다.

"그럴 수도 있죠." 내가 인정했다. "하지만 그건 지금 당장 생각해야 할 문제는 아닙니다."

"그럼 우리가 생각해야 할 문제는 뭐죠?" 퀸이 물었다.

"이 팀에 속한 모두를 어떻게 활용할지 알아내야죠. 맥스의 기술 중 일부는 다른 사람에게 유용할 수 있을 겁니다."

"그걸 어떻게 알아낼 수 있나요?" 맥스가 궁금해했다.

내가 대답했다. "모르겠습니다. 그러나 20분이면 알아낼 수 있을 거예요."

혼란스러워 하는 사람들을 보고 재스퍼가 말했다. "내가 장담하건대 사장님이 알아낼 거야. 그러는 걸 봤거든."

팀워크가
모든 문제의 해결책

나는 우선 직원별로 가장 부족한 능력 두 가지, 즉 좌절하는 업무에 초점을 맞췄다.

"자, 마케나, 크리스틴, 커스틴이 좌절하는 영역은 창의성과 사고네요."

나는 화이트보드 위 두 단어에 동그라미를 쳤다. 모두가 마치수학 방정식이라도 보는 것처럼 화이트보드를 주시했다.

"맥스만 유일하게 창의성에 천재성이 있고, 사고가 업무 역량의 하나네요."

직원들은 계속해서 화이트보드를 응시하고, 얼굴을 찡그리고, 계산했다.

"그러니까 마케나, 크리스틴, 커스틴이 한 팀이 되면 새로운 아이디어를 생각해내거나 아이디어를 끌어낼 수 있는 적절한 질문을 하는 데 그리 뛰어나지 않겠죠." 가혹한 평으로 여기지 않기를 바라며 다시 짚어줬다. "팀으로서 여러분의 분석표가 그렇게 나와요."

고개를 끄덕이는 것을 보니 기분이 상하지는 않은 듯했다.

그러자 커스틴이 말했다. "저희가 창의성이나 사고가 필요한 업무를 많이 하지 않도록 편성돼 있죠. 판별력도 별로 쓸 일이 없고요."

재스퍼와 퀸이 서로를 바라보며 당황스러운 표정을 지었다. 나는 커스틴에게 설명을 더 해달라고 했다.

"음, 저희가 프로젝트에 참여할 즈음에는 (퀸, 재스퍼, 나를 가리키며) 이미 세 분이 창의적이고 큰 그림을 그리는 작업을 대부분 한 뒤죠." 그녀가 약간 조심스럽게 말했다.

다른 꼬맹이들도 고개를 끄덕였다.

커스틴이 이야기를 이어갔다. "그래서 저희는 실행하는 작업을 주로 하죠."

내가 중요한 질문을 했다. "그래서 어떤가요?" 나는 대답을 기다리지 않고 질문을 다시 명확히 했다. "불만스러운가요?"

꼬맹이들은 누가 먼저 대답할지 서로를 번갈아 봤다.

마침내 크리스틴이 나섰다. "저는 판별력을 더 써보고 싶어요."

그 말에 마케나를 제외한 모두가 고개를 끄덕였다.

맥스가 큰 소리로 말했다. "네. 누구든지 힘들고 지루한 일도 해야 한다는 것은 잘 알고 있으니까 오해하지 말고 들어주세요. 언젠가 저도 창의적이고 전략적인 작업에 참여하고 싶습니다. 그런 일을 더 잘할 것 같거든요."

나는 고개를 끄덕였지만 정확히 무슨 말을 해야 할지 몰랐다.

"하지만 노력해서 얻어내야겠죠"라는 맥스의 말이 큰 힌트가 됐다.

나는 단호히 대답했다. "말도 안 되는 소리."

모두가 놀랐지만 가장 놀란 사람은 맥스였다.

나는 즉시 해명했다. "맥스의 말이 틀렸다는 게 아니에요. 그런 뜻은 아니었어요."

그가 안도의 한숨을 내쉬었다.

"내 말은 노력해서 얻어내야 한다는 말이 헛소리라는 거예요. 특히 자신이 못하는 일을 해내서, 잘하는 일을 할 자격이 있단 걸 증명해야 한다는 의미라면 더더욱 그렇죠." 나는 잠시 멈췄다 말했다. "그게 말이 돼요?"

몇 사람이 고개를 끄덕였지만 내 말에 누구보다 공감한 건 마케나였다.

"저기요." 그녀가 열정과 두려움이 뒤섞인 듯한 미소를 지으며 말했다. "저는 지금 하는 일을 좋아합니다. 제가 잘하지 못하는 직책으로 승진하려고 일하는 게 아니에요."

그녀가 맥스를 보며 말했다. "맥스는 좀 더 전략적이고 창의적인 성격의 일을 하고 싶은 거죠?"

그가 고개를 끄덕였다.

"저는 아니에요." 그녀가 단호히 말했다. "이런 이야기를 하는 게 적절하지 않다는 것도 알고, 우리 모두 전략적이고 창의적이어야 한다는 것도 압니다. 하지만 저는 실행하는 사람에 가깝습니다. 그래서 다른 누군가가 방향과 계획을 정하기 전에 저한테 프로젝트에 참여하라고 한다면 몹시 좌절할 겁니다."

갑자기 깨달음이 밀려왔다. "내가 아는 아주 많은 광고대행사들이 그래왔어요. 어떤 업무를 맡길 사람을 채용하고선 그 일을 잘하면 다른 기술을 요구하는 새로운 자리로 승진시키죠. 그러나 그들은 예전 업무가 더 잘 맞기 때문에 새로운 업무를 그만큼 잘하지 못하는 경우가 많고, 정작 새 업무를 훌륭히 해낼 사람은 이전 업무를 잘하지 못했기 때문에 그 자리로 절대 승진이 안 되죠."

재스퍼가 입을 벌리고 나를 빤히 바라보다 말했다. "한 번 더 말해봐요."

모두 웃음을 터뜨렸다.

"그래, 헷갈리는 말인 거 아는데 내 말 무슨 뜻인지 알죠?"

마케나가 말했다. "네. 원하지 않는 자리로 저를 승진시키지도 마시고, 제가 지금 잘하는 일을 한다고 해서 실패자로 느껴지게 하지도 마세요."

커스틴이 덧붙였다. "맥스가 정말로 잘하는 일을 하기 위해 잘 못하는 일을 잘한다고 증명하게 만들지도 마세요."

재스퍼가 이번에는 마케나와 커스틴을 빤히 보며 말했다. "한 번 더 말해봐요."

감사하게도 잠시 후 그가 해명했다. "장난이에요. 다 이해했어요. 전적으로 타당한 말이에요."

퀸이 끼어들었다. "해결책은 팀이겠네요."

내가 대답했다. "그럴 것 같아요. 무슨 뜻인지 설명해보죠. 음, 어떤 프로젝트에 투입할 팀을 짤 때는 모든 천재성이 포함되게 하고 싶네요. 직무나 경험치에 너무 초점을 맞추면 프로젝트를 망칠 테니까요."

재스퍼가 말을 이어받았다. "프로젝트에 창의성이나 판별력이 필요하다면 그 천재성을 가진 사람을 찾아서 활용해야죠. 그 일에 최대한 많은 시간을 할애하게 해줘야 하고요."

내가 정리해서 말했다. "앞으로는 프로젝트, 고객 그룹, 프로그램 등 더 많은 업무를 그 일을 해내는 데 필요한 천재성에 따라 조직하고, 직원들을 가장 적합한 직무에 배치하도록 최선을 다해야겠죠."

"그게 불가능할 때는 어떻게 하죠?" 퀸이 물었다.

"물론 항상 가능하지는 않을 거예요. 그렇게 깔끔하게 풀리는 일은 잘 없으니까요. 우리 모두 자신의 천재성에 해당하지 않거나 역량이 미치지 않는 업무를 할 때도 끝까지 밀고 나가며 최선을 다할 방법을 찾아야 합니다. 그래도 그런 경우가 70퍼센트가 아니라 20~30퍼센트 정도라면 다들 훨씬 행복해질 겁니다. 더욱 효과적이기도 할 거고요."

"그럼 다음은 뭐죠?" 재스퍼가 물었다.

"다음은 임원진이 업무를 조직하고, 인력을 배치하고, 관리하는 방식을 재고하는 것입니다. 위에서부터 아래까지요. 그리고 아마도……." 나는 잠시 뜸을 들이다 말했다. "아마도 맥스가 계속 근무하게 할 방법을 찾아야겠죠."

이번에는 맥스가 활짝 웃었다. 나는 앞으로 며칠, 몇 주 동안 무엇에 집중해야 할지 알 수 있었다.

효과를 확인하다

그때부터 업무 천재성 모델이 단순히 내가 직장에서 짜증 내는 이유를 설명해주는 간편한 방법 차원이 아님을 완전히 확신하게 됐다. 이 모델이 크리스와 우리 임원진에게 어떤 영향을 미쳤는지 똑똑히 봤기 때문이다. 성당에서도 효과가 있었다. 이 모델 덕에 맥스를 잃지 않았고 앞으로 마케나와 생길 수 있는 문제도 막을 수 있었다.

이것으로 업무 천재성 모델의 효과가 충분히 설명되지 않았다면, 애나가 한 말을 전하고 싶다. 그녀는 이 모델을 구상한 것이 내가 회사에서 한 일 중 최고였다고 말했다. 이것이 우연의 산물이며, 엄밀히 말하면 우리 회사에서 할 일은 아니었다는 점도 내 열의를 별로 떨어뜨리지 못했다.

그 후 2주간 타고난 우리의 강점과 약점을 이해하고 설명할 수 있게 된 지금 일하는 방식을 어떻게 바꿀 수 있을지 생각하는 데 근무시간의 거의 절반을 썼다. 모든 회의와 복도에서 나눴던 모든 대화에서 갑자기 판별, 독려, 끈기, 업무 천재성, 업무 좌절이란 용어가 자주 등장했다. 노력한 것도 아닌데 말이다!

한 달 안에 직원들의 사기는 4년 전 회사를 설립한 이래로 가장 높아졌다. 그러나 재스퍼가 하고 싶었던 말처럼 '사기가 뭐가 중요할까? 실제 업무는 어땠을까?'를 돌아보자면 다음과 같다.

우리는 가능하다고 생각했던 것 이상으로 더 많은 일을 더 적은 시간에 해내면서도 즐겁게 일했다. 내가 자주 말했듯이 직원들의 사기란 바로 이런 것이다.

하지만 아마도 '여섯 가지 업무 천재성 유형'이라고 이름 붙인 모델이 탄생한 지 세 달 뒤(내가 확인했다) 있었던 고객과의 회의에 대해 들려준다면 이 모델의 효과가 가장 잘 설명될 것이다. 녹화를 해놨더라면 좋았을 텐데. 그래도 회의에서 오간 대화를 상당히 정확하게 정리할 수 있었다고 확신한다.

고객과의 회의

에이미와 나는 지역에서 가장 큰 병원인 세인트루크 병원의 마케팅팀장과 팀원들 그리고 그 자리에 참석하고 싶어 했던 CEO와 인사팀장과의 첫 번째 기획 회의를 하러 갔다. 우리도 몇 주 전부터 계획한 대로 더 많은 팀원을 데려갔다. 업무 천재성이 서로 다른 직원 여럿이 회의에 참석할수록 중요한 사항을 놓치지 않을 확률이 높아지기 때문이었다.

그날은 맥스와 크리스도 동행했다. 크리스는 중요한 참석자였다. 세인트루크 병원은 최대 고객 중 하나가 될 것이기에, 그의 독려 능력이 꼭 필요했다. 그러려면 우리가 무슨 일을 왜 하고 있는가를 그가 잘 이해하고 있어야 했다. 크리스는 고객과의 회의에

이전보다 많이 참석했는데 그 덕분에 작업의 조정과 마무리에 큰 변화가 생겼다.

맥스를 데려간 이유는 회의실에서 내가 창의성과 판별력을 동시에 발휘할 수 있도록 도와줄 사람이 필요했기 때문이다. 세인트 루크 병원과 여러 홍보 프로젝트를 진행할 예정이라 우리가 창의적이고 유연하다는 걸 보여줘 신뢰를 얻어야 했다.

이런 종류의 착수 회의는 고객이 요구사항을 상세히 제시하고, 지난 몇 년간 그들이 해온 홍보 작업을 검토하며, 우리가 어떻게 도울 수 있는지 대략적인 아이디어를 듣다 보면 길어지고는 한다. 영업 상담보다는 훨씬 더 전략적이고 구체적인 내용이 오가지만 메시지와 영상까지 자세히 발표하는 자리는 아니다.

키가 정말로 큰 CEO 조지프는 병원의 마케팅과 광고, 특히 교회와 연관된 홍보가 단순히 수익 창출만이 아니라(물론 재정을 걱정해야 하지만) 병원의 브랜드 평판을 개선하고, 지역사회가 병원 문화를 더 친숙하게 느끼도록 이끌어야 한다고 말하며 회의를 시작했다.

"저희도 조사를 해봤습니다만, 그 문화가 무엇인지 직접 듣고 싶습니다." 나도 그에게 말했다.

조지프는 뭐라고 대답해야 할지 생각하느라 인상을 썼다. "글쎄요. 솔직히 말씀드리겠습니다. 우리가 내세우는 가치가 분명히 있고, 병원 곳곳에 슬라이드 자료와 포스터를 게시해서 병원 문화도 홍보하고 있습니다." 그는 말을 잠시 멈추고 인사팀장을 힐 끗 처다봤는데 불편한 기색이 역력했다. "하지만 그것들이 실제 로 충분히 효과가 있는지는 잘 모르겠습니다."

내 나이 또래인 인사팀장도 이제 약간 긴장한 듯 보였다.

"무슨 뜻인지 설명해주시죠." 내가 요청했다.

"음, 우리는 긍정적이고, 낙관적이며, 배려하는 문화를 가지고 있다고 홍보합니다. 요즘 많은 병원이 그렇게 홍보하죠. 그런데 야간이나 가끔씩 주간에 병원을 돌아보면 그런 문화가 보이거나 느껴지지 않습니다."

내가 질문할 새도 없이 크리스가 끼어들었다. "야간과 주간에 순회할 때 어떤 차이가 있습니까?"

조지프가 미소를 지었다. "주간에는 내가 누군지 아는 사람들 이 병원에 많으니까 일부러 보여주려고 더 열심히 할 게 분명합 니다. 야간에는 신분이 노출되지 않은 채 다닐 수 있어 현실을 잘 볼 수 있다고 생각합니다."

회의실에 있던 여러 사람들이 고개를 끄덕이며 수긍했다.

다음으로 질문한 사람은 에이미였다. "정확히 어떤 점이 마음 에 안 드셨나요?"

그는 숨을 들이쉬었다. "흠, 직원들이 무례하거나 무신경한 건 아닙니다." 그러고는 생각을 가다듬으며 말했다. "하지만 제가 원 하는 만큼 일에 몰두한다든지 열심히 진정으로 정성을 다하는 것 같지는 않아요. 사람의 생명을 구하고 돌보는 고귀한 일을 하는 만큼 그 점을 뼛속 깊이 새겼으면 좋겠습니다. 환자들도 직원들의 이런 마음을 느꼈으면 하고요."

"번아웃이 온 걸까요?" 내가 물었다.

그는 고개를 저었다. "아니요. 우리는 번아웃을 대단히 잘 감지합니다. 뭐, 인력이 부족한 특정 진료과에서 번아웃이 발생할 수는 있지만 일반적이지는 않습니다. 그리고 직원들에게 설문조사를 하거나 제 신분을 밝히지 않고 심야에 병원을 돌면서 대화를 나눠보면 직원들이 자신의 능력을 제대로 발휘하지 못해서 좌절감을 느낀다고 말하더군요."

그때 마케팅팀장이 끼어들었다. "훌륭한 마케팅 활동은 환자와 지역사회에 미치는 영향만큼이나 우리 직원들에게도 큰 영향을 미친다고 생각합니다."

인사팀장이 고개를 열심히 끄덕였다.

"저도 그렇게 생각합니다." 말했다시피 나는 그런 쪽으로는 직설적인 편이다. "그러나 현실과 메시지가 일치하는 것이 매우 중요합니다. 그렇지 않으면 오히려 역효과가 날 수 있습니다."

마케팅 담당자 몇 명이 잘 이해가 되지 않는 것 같아 설명을 더 해나갔다.

"이륙하기 전에 안전수칙을 공지하면서 우스꽝스러운 홍보 영상부터 틀어주는 비행기를 타본 적 있으신가요?" 나는 대답을 기다리지 않고 바로 이어 말했다. "그 영상들에서는 눈을 반짝이는 직원, 때로는 CEO가 등장하죠. 그러고는 승객과 자사를 매우 중히 여기며, 승객들이 놀라운 비행 경험을 할 수 있도록 무엇이든 할 준비가 돼 있다고 선언합니다."

이제 사람들이 고개를 끄덕였다.

"음, 그걸 보면 기분이 어떤가요?"

마케팅 담당자 중 하나가 불쑥 말했다. "정확히 어떻게 말해야 할지 모르겠는데 거북합니다. 거짓말을 듣는 기분이 들어서요."

다른 누군가가 덧붙였다. "그리고 직원들이 안쓰럽게 느껴지죠. 영상 속 직원들은 하나같이 짜증스럽게 눈을 굴리지 않으려고 갖은 애를 쓰는 것처럼 보이거든요." 그녀는 설레설레 고개를 저었다. "그런 멍청한 영상으로 이익을 보는 사람은 아무도 없다고 생각합니다."

"맞습니다." 나도 동의했다. "고객과 직원들을 냉소적으로 만들 뿐이죠. 역효과가 난다는 말은 바로 그런 의미입니다."

이번에는 마케팅팀장이 나섰다. "무슨 말씀인지 알겠는데 우리 병원 상황은 아닌 것 같습니다. 우린 그 정도로 위선적이지는 않습니다. 그러나 세상이 이렇게 봐줬으면 좋겠다 싶은 방식으로 행동하고 있지도 않죠."

마침내 인사팀장이 입을 뗐다. "직원들이 다른 병원으로 옮기거나 직업을 바꾸지는 않습니다. 설문조사 결과도 괜찮고요. 이직하지는 않는데 자신들이 할 수 있는 일에 한계가 있다고 여기는 듯합니다."

그때 맥스가 말을 꺼냈다. "여러분도 저희 회사의 업무 천재성 프로그램을 시행해야겠네요."

우리보다 눈에 띄게 젊은 데다 그때까지 입을 열지 않고 있던 맥스가 말을 하자 좀 더 사람들의 눈길을 끌었다.

"뭐라고요?" 마케팅팀장이 진심으로 궁금해하며 물었다.

주목을 받아 약간 긴장한 맥스가 이렇게 설명했다. "저희 회사에서는 사람들이 선천적으로 잘하는 일과 못하는 일을 알려주는 간단한 도구를 만들었습니다. 업무 방식을 곧바로 바꿔주는 도구죠. 그게 없었다면 저는 이 회의에 참석하지 못했을 겁니다."

인사팀장이 자세를 고쳐 앉았다. "시간이 얼마나 걸리나요?"

"글쎄요, 몇 주 만에 회사의 업무 문화가 바뀐 것 같습니다."

인사팀장이 미소를 지었다. "아니요. 평가하는 데 얼마나 걸리냐고요?"

내가 말을 받았다. "오, 평가지가 따로 있지는 않습니다. 그 도구는 단지 우리가 팀으로서 어떤지 파악하려 했던 거라서요." 나는 에이미를 보며 말했다. "그래도 평가지가 있으면 좋겠네요."

그때 조지프가 대화에 다시 끼어들었다. "대표님 회사의 문화가 몇 주 만에 바뀌었다고 했죠?" 그는 약간 회의적인 눈빛으로 나를 쳐다봤다.

나는 어깨를 으쓱하며 대답했다. "그랬죠. 어떤 사람들에게는 즉각적이었어요. 하지만 그것들을 파악하고 회사 전체에 적용하기까지는 몇 주가 걸렸습니다."

"설명하는 데 얼마나 걸리나요?" 인사팀장이 물었다.

나는 반사적으로 시계를 봤다. 시간 여유도 있었고 20분이면 개요를 설명하기에는 충분했다. 에이미를 바라보니 허락의 뜻으로 어깨를 으쓱해 보이면서 고개를 끄덕였다.

"아마도 30분이면 포괄적인 설명을 할 수 있을 겁니다."

병원 임직원 십여 명이 마치 누군가가 "네, 그렇게 해보죠"라고 말하기를 기다리는 듯 서로를 쳐다봤다.

그러자 크리스가 말했다. "정말 효과가 있습니다. 제 직장 생활이 단 하룻밤 사이에 달라졌어요."

"그럼 해보시죠." 마침내 조지프가 선언했고 모두가 동참했다.

거짓말이 아니라 내 경력을 통틀어 고객에게 무언가를 발표하면서 그렇게 신이 났던 적은 처음이었다.

일을 향한 몰입

그 후 25분 동안 업무 천재성 모델을 처음부터 끝까지 설명했다. 여섯 가지 업무 천재성 유형과 그것들이 어떻게 어우러지는지, 한 사람의 업무 천재성, 업무 역량, 업무 좌절 간의 차이는 어떠한지, 업무 진행 단계인 아이디어 생성, 활성화, 이행까지 빼놓지 않고 전부 다뤘다.

세밀한 구분이나 미묘한 차이점을 전달하기 위해 에이미와 크리스가 자주 끼어들었다. 심지어 맥스도 동참해 자신의 이야기를 들려줬다.

고객들은 누가 봐도 확연히 내가 발표한 내용에 몰입하면서 질문하고, 개념을 이해하기 위해 씨름하고, 업무 천재성과 업무 좌절에 대해 파악하도록 서로 도왔다. 마지막에는 크리스가 앞으로 나가서 화이트보드에 마케팅팀의 '업무 천재성 지도'를 작성했다.

나는 인사팀장이 너무 흥분한 나머지 폭발하거나 쓰러질 줄 알았다. 조지프는 업무 천재성 모델을 어떻게 병원 리더십팀에 활용할지 질문하기까지 했다.

한 시간 후 마케팅팀은 부서 일부를 재편성했다. 놀라운 이야기 같겠지만 사실 이게 그들이 해야 할 일이었다. 그동안 직원들에게 잘못된 역할을 맡겼고 이로 인해 모든 업무가 지체됐음을 깨닫고 나서야 바로잡을 수 있었다.

인사팀장(이렇게 많이 등장할 줄 몰랐는데, 이제 그의 이름이 퀸임을 밝혀야 할 것 같다)은 평가지 작성을 도와줄 수 있는 지역 기업을 안다고 하면서, 우리가 경영진, 인사팀, 간호부장이 통솔하는 간호사들에게도 이 모델을 가르칠 수 있도록 돕고 싶어 했다.

드디어 우리가 원래 준비했던, 이제 훨씬 더 의미 있을 듯한 마케팅과 광고에 대한 논의로 넘어갔다. 가장 놀라웠던 점은(그렇다, 이미 일어났던 것보다 훨씬 놀라운 일은) 그들이 업무 천재성 유형의 용어를 썼다는 것이다.

한번은 마케팅팀장인 메리가 이렇게 말했다. "저는 지금 독려하는 게 아니니까 제 말을 바로 실행하라는 의미로 생각하지 마세요. 방금 새로운 아이디어가 떠올라서 여러분이 그걸 해줬으면 하는 거예요. 그 뭐였죠? 판별?" 우와. 그녀는 용어의 의미를 거의 정확히 사용했고, 다들 그녀의 말을 찰떡같이 알아들었다. 설명을 들은 지 얼마 되지도 않았는데 말이다!

회의 마지막에 조지프는 참석자들에게 이렇게 말했다. "여러분 모두에게 할 말이 있습니다. 우리 임원진, 경영진은 (거기 속하는 메리와 켄을 쳐다보며) 가능성을 탐색하는 데 시간을 거의 할애하지 않고 있습니다. 곰곰이 생각하고 질문할 시간을 충분히 갖지 않고 바로 실행에 들어가죠. 더 큰 사명감과 우리가 하는 일의 진정한 의미를 상기시켜 줄 수 없는 게 당연합니다."

회의를 마치고 힘차게 악수한 후 우리 네 사람은 주차장으로 가서 오늘 하루를 정리해봤다.

에이미의 미니밴 문이 닫히자 먼저 크리스가 입을 열었다.

"방금 무슨 일이 있었죠?" 그는 정말로 혼란스러워 보였다.

"이런 회의는 보통 아까처럼 진행되나요?" 맥스가 익살스럽게 물었다.

에이미는 그냥 웃기 시작했다.

"여기서 이렇게 재미있게 일해본 사람 있어요?" 대답을 듣고자 한 질문이 아니었다. "이걸 어떻게 설명해야 할지 모르겠네요."

에이미는 계속 웃기만 했다.

완벽한 신규 채용

다음 날 아침, 전날 있었던 일을 얼른 퀸과 재스퍼, 린에게 말해주고 싶어 조바심이 났다.

안타깝게도 나보다 일찍 출근한 크리스가 선수를 쳤다. 물론 회의가 시작되자 에이미와 내가 덧붙일 내용도 많았다. 병원 회의에 함께 가지 않았음에도 나머지 팀원들은 내 생각보다 훨씬 더 흥분한 것 같았다.

그리고 재스퍼에게도 사건이 있었다.

"우리 밴드는 어젯밤에 업무 천재성을 따져보고 해체하기로 했어요."

재스퍼는 리노를 기반으로 파티와 기업 행사에서 자신들의 곡과 커버곡을 연주하는 클래식 록 밴드 '인스턴트 리플레이'의 멤버로 베이스 기타를 연주했다. 이상하게도 그는 밴드의 해체 결정에 크게 화가 난 것 같지 않았다.

"우리 밴드는 지난 1년여 동안 상당히 불행했는데 이유를 몰랐어요. 알고 보니 우리 중 네 사람이나 창의성에 천재성이 있더라고요. 저만 빼고요."

"그게 왜 문제예요?" 린이 물었다.

"넷 모두가 곡을 쓰고 리더가 되고 싶어 하니까요. 그들은 여전히 밴드가 성공할 거라 생각하는데, 나는 뒤에서 베이스 기타를 연주하며 사람들이 음악을 즐기는 모습을 지켜보는 것만으로도 좋거든요."

"그래서 밴드 활동을 아예 그만두려고요?" 에이미가 물었다.

"아니요, 베이스 연주자를 구하는 좀 더 균형감 있는 밴드를 찾을 거예요. 덜 드라마틱한 밴드요."

"밴드 멤버들이 속상해하던가요?" 나는 호기심이 생겼다.

"그게 말이죠……." 재스퍼가 생각해보더니 말을 이었다. "멤버들은 이 상황을 분명히 이해했어요. 모두가 창작자라는 사실에 동의했을 때 밴드가 잘 굴러가지 않겠다고 인정했죠." 그가 얼굴을 찡그렸다. "솔직히 안도하는 듯했어요."

크리스가 밴드에 관한 대화를 그만 끝내게 했다. "좋아요, 여러분. 회의를 시작해보죠. 우리에게 약간의 문제가 있습니다. 좋은 문제긴 하지만 문제가 있어요."

그의 말에 다들 집중했다.

"고객사 두 곳에서 더 많은 작업을 요청했습니다. 훨씬 더 많은 작업을요. 현재 인원으로는 그 모든 일을 다 처리할 수 없을 것 같습니다."

나는 상황을 가볍게 넘기려 했다. "재스퍼가 밴드에서 나왔으니 시간이 더 있겠네요."

크리스를 제외한 모두가 그 말을 재미있게 받아들였다.

"사장님, 그게 말이죠. 사장님과 에이미 상무가 최근에 미친 듯이 영업을 했죠. 그건 아주 좋아요. 어제도 정말 환상적이었어요."

그는 평상시보다 길게 뜸을 들였다. 생각하는 내용을 말로 꺼내기가 두려운 것 같았다.

"자, 크리스. 말해봐요. 괜찮아요."

"음, 사장님이 자신의 아이디어를 전부 실행하려면 뭐가 필요한지 제대로 인식하고 있는지 잘 모르겠습니다."

나는 그가 한 말에 전혀 마음이 상하지 않았으므로 열린 마음이 느껴지도록 최선을 다했다.

"인식이라니 무슨 뜻입니까?"

"음……." 그가 다시 머뭇거렸다. "사장님은 이행 단계에서 이뤄지는 작업을 과소평가할 때가 많죠."

나는 정말로 안도했다! "아, 알겠어요. 나도 동의해요. 확실히 내가 좀 그렇죠. 직원들의 노고를 인식하지 못한다고 말할까봐 걱정했어요."

재스퍼가 끼어들었다. "사장님이 직원들을 인정해준다는 건 잘 알죠. 하지만 사장님이 업무량이나 실제 업무 처리에서 생기는 우려를 자주 일축한다는 데는 저도 같은 의견입니다."

퀸이 나를 변호하고 나섰다. "그건 사장님의 업무 천재성이 창의성과 판별이기 때문이라고 생각합니다."

"그리고 사장님이 좌절하는 업무가 지원과 끈기라서죠." 재스퍼가 덧붙였다.

"그게 핑계가 될 수는 없죠." 퀸이 상기시켰다. "하지만 이해는 되네요."

나는 약간 겸연쩍어하며 고개를 끄덕였다. "알아요, 알아요. 나는 업무가 그냥 완료될 거라고 생각하는 경향이 있습니다. 내 잘못이에요. 그런 점을 더 잘 인식하는 것 말고 또 도울 게 뭐가 있을까요?"

"지원과 끈기가 천재성인 사람을 더 고용하게 해주세요." 그는 잠깐 호흡을 고르고 거듭 말했다. "사장님은 인력이 효율적으로 움직이는 회사를 원하고 우리가 항상 방법을 찾아냈다는 것도 알지만, 의뢰가 늘어나기 시작하는 만큼 문제가 되기 전에 미리 대비해야 합니다."

솔직히 이치에 맞는 말이었다.

하지만 평범한 가정에서 성장했던 나는 너무 많은 지출로 나중에 후회하게 될까 봐 두려웠다. 적임자의 말을 듣기 전까지는 말이다.

"동의합니다." 그 말을 한 사람은 린이었다. "제 직감으로는 열심히 일할 수 있는 사람을 몇 명 뽑지 않으면 곧 실수를 할 것 같습니다."

퀸이 손을 들고 말했다. "전적으로 동의합니다."

판별 천재성을 지닌 팀원 둘이 동의했고, 두려움에 주저했지만 나도 크리스의 말이 옳다는 직감이 들었다. 내가 진정 업무 천재성을 믿는다면 그 의견이 옳다는 걸 어떻게 부인할 수 있겠는가?

"그러죠."

크리스는 놀란 것 같았다.

나는 거듭 말했다. "다섯 명을 뽑도록 하죠. 끈기나 지원에 천재성이 있는 사람 위주로요. 독려에 천재성이 있는 사람도 포함되면 좋겠네요."

"와, 보통 이런 안건을 사장님에게 이해시키려면 훨씬 시간이 걸렸는데." 크리스가 말했다.

나도 공감했다. "네, 그게 내 결점입니다. 이 의견은 타당하니 미룰 이유가 없죠."

"업무 천재성을 기준으로 사람을 찾으려면 어떻게 해야 하죠? 이미 평가지가 있다고 해도 그것으로 사람을 찾는 것이 합법적인

가요?" 에이미가 물었다.

크리스가 나서서 설명했다. "엄밀히 말하면 아니죠. 채용을 결정하기 전에 평가를 하면 안 됩니다. 편파적이거나 차별적일 수 있으니까요."

"지원자가 회사 생활을 성공적으로 할 수 있을지 회사나 지원자가 파악하는 데 도움이 되는 평가라면 좋은 것 아닌가요?" 재스퍼가 물었다.

크리스는 그저 어깨만 으쓱했다.

"괜찮습니다. 평가는 필요하지 않습니다." 퀸이 잘라 말했다. "그냥 지원자들에게 정확히 어떤 일을 하게 될지 설명해주도록 하죠. 과장하지 말고 쉽게 알려주고요."

에이미는 혼란스러워하며 퀸을 향해 얼굴을 찡그렸다.

퀸이 계속 이야기했다. "지원자들에게 투명하게 설명하면 되죠. 업무, 세부사항, 지원, 업무의 마무리······." 그녀는 잠시 멈췄다 말을 이었다. "끈기까지. 그 일을 좋아하지 않는다면 비명을 지르며 달아날 만큼 투명하게요."

"그렇게 하면 지원자들이 겁을 먹지는 않을까요?" 에이미가 물었다.

"그렇게 하면 마케나나 크리스 이사님, 재스퍼 상무님이 겁먹을 것 같나요?"

에이미가 크리스와 재스퍼를 바라봤다. 두 사람은 고개를 저으며 웃고 있었다.

재스퍼가 말했다. "저는 신이 나서 그 일을 맡을 거예요. 적합한 지원자는 선택하고, 적합하지 않은 지원자는 선택하지 않을 겁니다. 엄청 간단한 데다 효과적인 방법 같은데요. 왜 불행할 것 같은 직장에 취직하겠어요? 그리고 그들이 속이려 하더라도 이런 질문을 해보면 알겠죠. '지원자분, 남들은 다음 프로젝트를 생각할 때도 왜 본인은 끝까지 장애물을 극복하고, 세부사항에 집중하고, 프로젝트 마무리하는 것을 좋아하는지 이유를 말해주세요. 그런 것들을 좋아하지 않는다면 당신은 이 일을 싫어하게 될 것이고, 우리는 당신이 답답할 것이기 때문입니다. 하지만 그런 것들을 좋아한다면 구정물 통 속의 돼지처럼 행복할 거고요.'"

모두 웃음을 터뜨렸다.

내가 최종적으로 덧붙였다. "지원자들에게 여섯 가지 업무 천재성 유형을 설명해주고, 회사가 마지막 두 유형의 천재성을 가진 사람을 찾고 있다고 알려주도록 하죠. 그건 불법일 리 없습니다. 단지 정직한 거죠."

우리는 그렇게 했다. 세 달 안에 (필요하다고 생각했던 것보다 많은 수인) 여섯 명을 채용했고 몇 주 만에 적격인 사람을 뽑았음을 알게 됐다.

우리에게 필요한 능력에 집중하며, 면접 대상자 중 그런 능력이 있는 사람을 파악하는 걸 이번만큼 잘한 적이 없었다. 여섯 가지 업무 천재성 유형을 고려하지 않고 직원을 채용하는 일은 두 번 다시 없을 것이다.

제러마이아컨설팅의 탄생

1년 사이에 전혀 예측하지 못했던 놀라운 일 두 가지가 일어났다.

첫째, 회사 규모가 두 배로 커지고 수익은 네 배로 늘었다. 그래서 일을 거절하는 지경에 이르렀다.

둘째, 업무의 최소 3분의 1에 업무 천재성 모델을 접목했다.

하지만 정말 모든 게 바뀐 것은 1년이 더 지난 후였다. 변화는 현재 '그 전화'라고 부르는 전화 한 통으로 시작됐다. 이른 아침이었고 출근한 사람은 린과 벨라, 나뿐이었다. 평소라면 벨라가 내게 전화를 연결하지 않았겠지만 때마침 린이 화장실에 있었다.

"불입니다. 무엇을 도와드릴까요?"

"안녕하세요, 불. 제 이름은 캐스린인데 우리 회사와 일해주실 수 있는지 알고 싶어서 전화했습니다."

"그렇군요, 캐스린. 그쪽 회사에 대해 말씀해주세요."

"음, 베이 지역에 있는 기술 회사입니다. 귀사에 대한 좋은 이야기를 많이 들었는데 저희가 도움이 필요해서요."

"기분 좋은 이야기네요. 혹시 마케팅 책임자이신가요?"

"아니요, 저는 CEO예요."

"와, 보통은 마케팅 책임자가 먼저 전화하던데요."

"정말요?" 전화상으로도 그녀의 혼란스러움이 느껴졌다. "놀랍군요."

"글쎄요, CEO 대부분은 마케팅이나 광고대행사 선정을 마케팅 담당 부사장에게 맡기죠."

"아, 저는 마케팅에 도움을 받으려고 전화한 게 아닙니다. 거기가 생산성 컨설팅 회사인 줄 알았어요."

그녀의 말을 제대로 이해하지 못한 채 나는 대답하려고 애를 썼다. "오, 아닙니다. 우리는 작은 광고대행사로 주 업무는……."

그때 퍼뜩 생각이 났다.

"잠시만요. 원하시는 게 정확히 뭐죠?"

"음, 리노에서 회사를 운영하는 CEO 친구에게서 여섯 가지 업무 천재성 같은 것에 관해 들었습니다. 효과가 엄청난 데다 정확히 제게 필요한 거라고 하더군요."

나는 깜짝 놀랐다. "그러니까 마케팅 쪽으로 도움이 필요한 게 아니고요?"

"아니요." 그녀가 자신 있게 말했다. "마케팅 쪽은 괜찮습니다. 하지만 생산성과 직원들의 사기가 떨어져서 어떻게 해야 할지 모르겠습니다. 도와주실 수 있을까요?"

그날로 제러마이아마케팅은 원래 제공하던 서비스인 마케팅·광고 부문과 생산성·팀워크·직원 채용에 중점을 둔 업무환경 혁신 부문, 이렇게 두 부문으로 구성된 제러마이아컨설팅이 됐다.

그날 밤 이 모든 소식을 애나에게 알렸을 때 그녀는 나보다 정확하게 상황을 인식하고는 이렇게 말했다. "있잖아, 여보. 내 생각에는 마케팅보다 직원과 관련된 도움이 필요한 회사가 훨씬 더 많을 것 같아."

마음 한편으로는 이견을 달고 싶기도 했지만 애나의 말에 동의하지 않을 수 없었다. 그리고 그 일을 얼른 시작하고 싶었다.

에필로그

제러마이아컨설팅이 출범한 지 10년이 지난 지금, 업무환경 혁신 부문의 규모는 마케팅·광고 부문의 열 배에 이른다. 시장의 인력 부족이 심해지면서 우수한 직원의 평가와 유지, 동기부여에 대한 수요가 현대 노동 역사상 그 어느 때보다 중요해지고 있는 까닭 이다.

그 결과 업무환경 혁신 분야를 파고드는 데 대부분의 시간을 할애하며 회사를 키우고 고객을 도울 뿐만 아니라 그 원칙을 우 리 직원들에게도 적용해왔다. 다른 어느 때보다 내 일을 사랑하 고 회사에서 짜증 낸 적도 거의 없다고 진실되게 말할 수 있다.

무엇보다 좋은 점은 업무 천재성 개념이 삶의 모든 부분에 스며들었다는 사실이다. 애나와 나는 끈기 부족에 대한 불필요한 죄책감을 느끼지 않고 우리가 어려워하는 프로젝트와 책무에서 다른 사람의 도움을 받는 법을 배웠다. 또한 아이들의 천재성과 좌절 영역을 파악하려 열심히 노력했고 이에 따라 양육 방식과 기대치를 조정했다. 그러자 가정에서의 긴장감이 극적으로 감소했다. 10년 전 진작 그렇게 했더라면 얼마나 좋았을까! 그리고 일종의 준準 은퇴를 준비하면서(나는 하루 열두 시간씩 골프와 낚시를 하기에는 일을 너무 좋아한다) 애나와 나는 각자의 천재성에 가장 잘 맞는 활동들로 정리하기로 했다.

나는 일이란 모든 사람에게 존엄과 성취감을 느끼게 해야 하며, 하느님은 우리 모두가 자기만의 독특한 방식으로 공헌하도록 창조하셨다고 굳게 믿게 됐다. 무엇보다 업무 천재성 개념 덕분에 회사와 팀, 가족에게 가장 기여할 수 있는 방법을 깨달을 수 있었다.

이제 일과 삶의 일상적인 활동을 넘어 나 제러마이아 옥타비안 브룩스는 하느님이 나를 창조하며 맡기신 일을 해왔고, 앞으로도 계속할 거라고 마음 깊이 느낀다. 매사 감사한 마음으로 임할 것이다. 모든 부분 하나하나가 선물임을 알고 있기 때문이다.

2부

내 안의
천재성을 찾아서

번아웃, 무기력에서
벗어날 돌파구

배경 이야기
—

어렸을 때 아버지는 자주 일에 대해 불만을 터뜨리며 밤에 집에 돌아오셨던 기억이 난다. 일이란 게 무엇인지 제대로 이해하지 못하는 나이였지만 그런 아버지가 몹시 신경 쓰이고 안쓰러웠다.

내가 일을 시작하고 나서야 흔히 직장은 사람들에게 좌절의 원천이며, 그 원인으로는 관리자의 서툰 리더십, 회사의 형편없는 운영 방식, 동료와의 관계 단절, 타고난 천재성과 소질에 맞지 않는 일을 해야만 하는 경우 등이 있음을 알게 됐다.

나는 그동안 감사하게도 더 나은 관리법, 리더십, 팀워크를 통해 사람들이 일에서 존엄과 성취감을 찾도록 하는 일을 주로 해오는 축복을 받았다. 각자의 천재성을 이해하고 이에 따라 일하도록 돕는 분야에서 새로운 경력을 쌓게 되리라고는 전혀 예상하지 못했다. 2020년 6월까지는.

수년간 나는 일에 대한 불만에 종종 시달려왔다. 멋진 친구들과 함께 내 회사를 차렸고, 일하는 분야를 사랑했으며, 동료들을 진심으로 좋아했기 때문에 그런 불만을 느낀다는 사실이 곤혹스러웠다. 그런데도 설명이 안 될 정도로 지치고 꽤 주기적으로 격분하고는 했다.

그해 6월 어느 날 아침, 한 시간 사이에 직업 만족도를 오르락내리락하게 했던 회의를 잇달아 한 후 동료인 에이미가 중요한 질문을 던졌다. "왜 이러는 거예요?" 어떤 까닭에선지 나는 이 악전고투를 진단하기에 좋은 기회라고 결정했다. 그리고 이어진 네 시간 동안의 대화로 무심결에 여섯 가지 업무 천재성 유형을 생각해냈다.

대략적인 모델이 사무실 화이트보드에 그려지자마자 머릿속 전구가 반짝이면서 삶의 큰 부분들이 이해되기 시작했다.

예를 들어, 어렸을 때 부모님이 시킨 집안일 중 어떤 일은 기꺼이 하고 어떤 일은 거부했던 이유를 마침내 이해할 수 있었다. 대학 시절 어떤 강의 시간에는 시간이 빨리 가는 것 같고 다른 많은 강의 시간에는 시간이 멈추거나 거꾸로 가는 것 같았던 이유도 이제 알게 됐다. 사회로 나와 첫 직장에서는 실패하고 다른 직장에서는 잘나갔던 이유도 설명됐다. 하지만 무엇보다도 현재의 직장과 일상의 삶에서 자주 좌절하는 이유를 알게 됐다. 엄청난 돌파구를 찾은 것과 다름없었다.

그날 이후 우리 팀과 나는 이 통찰의 결과를 개인용 평가지로 정리하기 위해 노력해왔다. 이미 25만 명 이상이 평가지를 통해 자신의 업무 천재성을 파악하고, 이를 개인의 경력과 팀을 개선하는 데 활용했다. 또한 우리는 업무 천재성을 다루는 팟캐스트, 사무실과 회사에서 업무 천재성을 가르치고 사용하기를 원하는 트레이너용 인증 프로그램, 업무 천재성 개념을 활용해 팀이 일하는 방식을 혁신하게 해주는 도구도 만들었다.

그리고 마지막으로 이 모든 내용을 더 잘 설명하기 위해 책을 썼다.

일이란 무엇일까

—

업무 천재성 모델을 설명하기 앞서, 먼저 일이란 우리가 공식적으로 직업이라고 지칭하는 것을 넘어 삶의 대부분에 적용되는 광범위한 용어임을 명확히 해두고자 한다. 회사 창업, 신제품 출시, 고객 지원, 비영리 단체 조직, 교회 무료 식료품 배급소 운영, 가족 휴가 계획 그 무엇이 됐든 우리는 일을 하고 있다. 일을 처리하고 있는 것이다.

이런 광범위한 정의를 고려한다면, 깨어 있는 시간 대부분을 때로는 혼자, 더 자주는 다른 사람들과 함께 일한다고 해도 과언이 아니다.

나는 경험 자체와 결과물이란 두 가지 측면 모두에서 어떤 일이든 존엄성과 성취감을 느끼게 해야 한다고 믿는다. 일에는 별로 신나지 않고 다소 지루하거나 짜증스러운 부분이 때때로 수반된다. 우리 자신과 다른 사람들이 그 일을 최대한 즐기도록 도울 수 있다면 그게 무엇이든 가치가 있다고 생각한다.

이를 위해 중요한 첫걸음은 사람마다 각자 다른 유형의 일을 즐긴다는 사실을 이해하고, 자신에게 가장 적합한 일을 파악하는 것이다. 타고난 천재성을 이해하지 못한 채 인생을 살아간다면, 우리가 바랄 수 있는 최선은 자기가 사랑하는 일을 하게 될 만큼 참으로 운이 좋은 것뿐이다. 업무 천재성은 누구나 그러한 천재성을 알아볼 수 있게 도와주는 최우선의 수단이다. 모든 것은 여기서 시작된다.

이제 업무 천재성 모델을 자세히 살펴보도록 하자.

모두가 천재성을
지니고 있다

여섯 가지 업무 천재성
유형의 정의
—

사고 천재성은 상황을 숙고하고, 추측하며, 의문을 제기해 이에 대한 답과 행동을 유도하는 능력을 말한다. 이 부류의 사람들은 자연스럽게 그런 행동을 하는 경향이 있다. 그들은 주변 세계를 관찰하면서 상황이 달라지면 안 되는지, 개발할 잠재력이 있는지를 생각하는 데 쉽게 빠져든다.

창의성 천재성은 새로운 아이디어와 해결책을 생각해내는 데 몰입한다. 이 부류의 사람들은 방향과 맥락이 거의 없어도 진정

업무 천재성 유형 모델

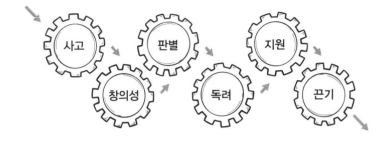

한 의미의 창조성, 창의성, 독창성을 발휘한다. 모든 유형이 비범한 능력을 지니고 있지만, 이들이야말로 가장 자주 '천재'로 불린다. 그들의 아이디어 중 상당수가 갑자기 나온 것처럼 보이기 때문이다.

판별 천재성은 직감, 직관, 신비로운 판단력과 관련이 있다. 이 부류의 사람들은 많은 데이터나 전문지식 없이도 아이디어나 상황을 평가할 수 있는 능력을 타고난다. 그들은 패턴 인식과 육감을 활용해, 대다수 주제에 대해 구체적 지식이나 정보 수준을 뛰어넘는 가치 있는 조언과 피드백을 제공한다.

독려 천재성은 아이디어나 계획을 중심으로 사람들을 모으고, 동기를 부여하고, 행동을 하도록 자극하는 것이다. 이 부류의 사람들은 자연스럽게 다른 이에게 영감을 주고 노력하도록 유도한다. 그들은 가치 있는 일에 착수하기 위해 사람들이 계획을 재고하거나 바꾸도록 설득하기도 마다하지 않는다.

지원 천재성은 사람들이 필요로 하는 지원과 도움을 제공하는 것을 말한다. 이 부류의 사람들은 조건이나 제한을 두지 않고 쉽게 다른 사람들의 요청에 응한다. 자연스럽게 다른 사람들의 목표 달성을 돕고, 흔히 사람들이 요청하기도 전에 무엇이 필요한지 예상할 수 있다. 지원 천재성을 가진 사람은 이것이 천재성임을 전혀 인식하지 못하는 경우가 많다.

끈기 천재성은 일을 끝까지 밀고 나가 완수할 때 느끼는 만족감을 중요하게 여긴다. 이 부류의 사람들은 반드시 기준에 맞춰 프로젝트를 완성할 수 있을 뿐만 아니라 자연스럽게 그렇게 하려는 경향이 있다. 그들은 장애물을 극복하고 자신이 작업한 결과를 보면서 에너지를 얻으며, 목록에 있는 작업을 하나씩 마무리하는 데서 기쁨을 찾는다.

업무 천재성, 업무 역량, 업무 좌절
—

여섯 가지 유형의 천재성을 전부 다 가졌다고 주장할 수 있는 사람은 아무도 없다. 누구나 각자 잘하는 업무 영역, 고전하는 업무 영역, 그 중간쯤인 업무 영역을 가지고 있다. 성공하기 위해서는 자신이 빛을 발하는 영역과 그렇지 못한 영역을 정확히 이해해야 하므로 세 가지 범주를 살펴보도록 하자.

범주 1: 업무 천재성 영역

진정한 천재성이라고 여겨지는 두 가지 업무 영역이 있다. 바로 자신에게 기쁨과 에너지, 열정을 주는 활동으로, 결과적으로 대개 이 영역의 업무를 상당히 잘 해낸다. 이런 업무를 대부분은 아니더라도 많이 해낼 수 있다면 자신에게도, 속해 있는 조직에도 최선이다.

범주 2: 업무 역량 영역

여섯 가지 천재성 영역 중 두 가지는 업무 역량으로 간주된다. 이는 전적으로 불행하지도 전적으로 즐겁지도 않으면서 상당히 잘할 수 있는 활동이다. 우리 대부분은 얼마 동안은 역량이 되는 업무를 처리할 수 있지만, 진정한 천재성을 발휘하도록 허용되지 않으면 결국 지치고 만다.

범주 3: 업무 좌절 영역

마지막으로 기쁨과 에너지를 고갈하는 두 가지 종류의 일이 있는데 이를 업무 좌절 영역이라고 부른다. 보통 이런 활동에서 어려움을 겪는다. 그 누구든 좌절하는 영역의 업무를 처리해야 하는 때가 있다. 그러나 이런 업무를 하는 데 많은 시간을 보낼수록 직장 생활이 괴로워지고 번아웃을 쉽게 느끼거나 업무에 실패할 수밖에 없다.

여기서 사람들이 왜 하나 또는 셋이 아니라 꼭 두 가지 천재성을 지니는지 궁금할 만하다. 이 모델을 테스트한 수천 명이 앞서 누누이 마주한 질문이기 때문이다. 처음에 자신의 업무 천재성이 두 가지 이상일 수 있다고 생각한 사람이 한 명이라면, 두 가지라고 정리한 사람이 아흔아홉 명꼴로 있었다. 그리고 자신의 업무 천재성이 세 가지일 수 있다고 생각했던 사람들에게(여섯 가지 천재성을 모두 가졌다고 주장한 사람도 한 명 있었다!) 어디서 에너지와 기쁨을 얻는지 물었을 때 많은 경우 두 가지로 대답했다.

업무 천재성, 업무 역량, 업무 좌절 영역의 차이를 이해하는 좋은 방법은 커피가 어떻게 열과 에너지를 유지하는지 생각해보는 것이다.

업무 천재성은 뜨거운 커피로 채운 다음 뚜껑을 단단히 닫아둔 보온병과 같다. 보온병 안의 열기와 에너지는 오랫동안 지속될 것이다. 이와 마찬가지로 업무 천재성 영역의 일을 할 때는 활력과 동기부여 상태를 거의 무한히 유지할 수 있다.

업무 역량은 일반 컵에 커피를 따르고 플라스틱 뚜껑을 덮거나 아예 뚜껑을 덮지 않는 것과 비슷하다. 커피는 얼마 동안 뜨겁겠

지만 점점 식어서 결국 차가워질 것이다. 업무 역량 분야의 일을
할 때 어느 정도의 에너지를 얼마간 유지할 수 있지만 결국 에너
지가 소진되고 활력을 잃기 시작한다.

　업무 좌절은 바닥에 작은 구멍이 난 컵에 커피를 붓는 것과 같
다. 커피의 열기, 심지어 커피 자체는 아주 짧은 시간 유지될 것이
다. 업무 좌절 영역의 일을 할 때는 열정과 에너지 수준을 오래 유
지하기 힘들다.

천재성에도 반응형과 혁신형이 있다

—

여섯 종류의 업무 천재성을 살펴보는 또 다른 중요한 방법은 특
정 천재성이 주로 반응적인가 또는 혁신적인가로 구분하는 것이
다. 이 구분이 중요한 이유는 반응형 천재성은 외부 자극에 반응
해 행동하는 경향이 있기 때문이다. 그래서 혁신형 천재성에 비
해 제한적이라고 할 수도 있다. 반면 혁신형 천재성은 다른 사람
들의 요구가 없더라도 변화의 필요성이 보일 때 대개 변화를 시
작하거나 유발한다. 혁신형 천재성은 프로젝트, 계획에 더 적극적
으로 협력한다.

　어떤 사람들은 두 가지 업무 천재성이 모두 반응형이라 실제
행동을 하기까지 좀 더 주저할 수 있다. 어떤 사람들은 두 가지 업

반응형 천재성 vs 혁신형 천재성

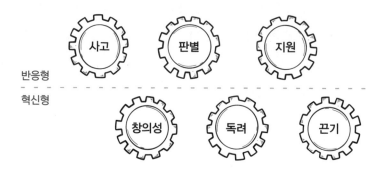

반응형

혁신형

무 천재성이 모두 혁신형이라 적극적으로 행동할 가능성이 더 크다. 물론 각 유형의 천재성을 하나씩 가진 사람도 있을 것이다.

천재성을 반응형과 혁신형으로 구분하는 건, 자신의 업무 천재성이 무엇인지 확신할 수 없을 때 생각을 확정 짓는 데 도움이 된다. 또한 사람들이 특정한 방식으로 환경과 상호작용하는 이유를 이해하는 데도 유익하며, 이로써 사람들의 태도나 적성을 두고 부정확하거나 비판적인 평가를 하지 않게 해준다.

반응형 천재성에는 사고, 판별, 지원 세 가지가 있다.

사고 천재성이 있는 사람들은 환경에 반응해 주변 조직이나 산업, 세계를 관찰하고 질문을 만들어낸다. 그들이 반드시 세상을 바꾸겠다고 나서는 건 아니다. 그저 세상을 바라보고, 받아들이고, 관찰한 내용을 보여줄 뿐이다.

판별 천재성이 있는 사람들은 새로운 아이디어나 제안에 반응하고 피드백, 권고, 조언을 해준다. 그들은 혁신 과정에서 큰 비중을 차지하지만 반드시 혁신을 선동하는 것은 아니다. 흔히 그들은 혁신 외에도 세상이 제시하는 모든 것에 반응하며 심지어 큐레이팅(정보를 수집, 종합하고 정보가 필요한 사람에게 안내해주는 활동 – 옮긴이)한다.

지원 천재성이 있는 사람들은 다른 사람들, 주로 지원을 독려하는 사람들의 적극적인 요청에 응한다. 그들은 필요한 지원을 해줄 준비가 돼 있고, 사람들이 어떤 지원을 바라는지 알아차리는 데도 능해 때때로 요청을 받기도 전에 먼저 이를 제공한다. 하지만 대개는 필요할 때까지 지원을 시작하지 않는다.

혁신형 천재성에는 창의성, 독려, 끈기 세 가지가 있다.

창의성 천재성이 있는 사람들은 문제를 보고 현재 상황을 뒤엎을 새로운 해결책을 생각해낸다. 그들은 유용한 혼란을 일으켜 상황을 더욱 가치 있게 할 수 있는 기회를 즐긴다.

독려가 업무 천재성인 사람들은 가장 명확하게 혁신적이다. 그들은 사람들을 뭉치게 하고, 다른 이에게 프로젝트나 프로그램에 참여하라고 요청함으로써 변화를 주도한다. 사람을 모으고 조직하고 영감을 줌으로써, 해야 할 일을 중심으로 우선순위가 바뀌게 한다는 점에서 혁신적이다.

끈기가 업무 천재성인 사람들은 장애물이나 방해물을 분별하고 이를 뚫고 나감으로써 혁신을 일으킨다. 그들은 어떤 방해가 있어도 프로젝트를 완수하겠다고 결심한다. 또한 성공에 이르기 위한 변화라면 그 과정에서 무엇을 혁파해야 하든 상관없이 밀고 나가며 변화를 만든다.

흔히 사람들은 반응형 천재성보다 혁신형 천재성을 중시하지만, 이는 옳지 않을뿐더러 위험한 생각이다. 반응형 천재성과 혁신형 천재성은 업무 과정에서 번갈아 작용하며 일종의 균형과 시너지를 만들어낸다. 예를 들어, 사고 천재성의 질문이나 관찰이 없다면 창의성은 필요하지 않게 된다. 창의성에서 나온 아이디어에 대한 판별 없이는 그 독창적인 개념이 성공할 가능성은 훨씬 줄어들 것이다. 지원 없이는 아무리 설득력 있는 독려도 프로그램이 시작되게 만들 수 없을 것이다. 효과적으로 업무를 수행하는 과정에서 반응형 천재성과 혁신형 천재성이 똑같이 가치 있다는 것은 의심할 여지가 없다.

지금까지 업무 천재성 모델의 이론적 개요를 비교적 자세히 들여다봤으니, 이제 업무 천재성 평가 보고서를 보면서 어떻게 이를 분석하고 실제로 적용하는지 살펴보자.

업무 천재성 평가 보고서

—

한 사람의 업무 천재성, 업무 역량, 업무 좌절 영역을 알아내는 제일 효과적인 방법은 업무 천재성 평가지를 작성한 후 생성되는 보고서를 WorkingGenius.com에서 검토하거나 이 책의 내용을 바탕으로 자신이 가장 좋아하는 일과 싫어하는 일을 생각해보고 천재성과 좌절 영역을 찾아내는 것이다.

평가지 자체는 42개 문항의 설문조사로 답변에 10분 정도 소요되며, 평가지 작성을 끝내는 즉시 평가 결과와 보고서를 받을 수 있다. 보고서에는 평가 결과를 해석하고 종합적으로 정확성을 확인하는 방법에 관한 지침이 들어 있다. 답변 결과에 따른 정량적 평가지만, 평가받은 사람의 업무 천재성을 정확히 반영하지 못하는 경우가 드물게 발생할 수 있으므로 이 모델을 올바르게 이해하는 것이 중요하다. 사용자가 부정확하게 답변했거나 질문을 잘못 이해하면 평가에 오류가 생길 수 있다. 다시 말하지만, 희박한 경우이기는 하나 몇 분 더 시간을 내어 각 천재성에 대한 설명을 정확히 검토해야 한다.

업무 천재성 평가 보고서를 이해하는 최고의 방법은 실제로 검토해보는 것이므로, 내 보고서를 예로 삼아보려 한다.

당신의 업무 천재성 평가의 정량적 결과는 다음과 같습니다.

☺ 업무 천재성:

당신의 업무 천재성 영역은 창의성과 판별로 보입니다.

 당신은 독창적이고 참신한 아이디어와 해결책을 만들어내는 천재성을 타고났으며 거기서 에너지와 기쁨을 얻습니다.

 당신은 직감과 직관으로 아이디어와 계획을 평가하고 심사하는 천재성을 타고났으며 거기서 에너지와 기쁨을 얻습니다.

☷ 업무 역량:

당신의 업무 역량 영역은 사고와 독려로 보입니다.

 당신은 주어진 상황에서 더 큰 잠재력과 기회가 있을 가능성을 숙고할 수 있고, 이를 마다하지 않습니다.

 당신은 프로젝트나 작업, 아이디어에 대한 행동을 취하도록 사람들을 모으고 영감을 줄 수 있고, 이를 마다하지 않습니다.

☹ 업무 좌절:

당신의 업무 좌절 영역은 끈기와 지원으로 보입니다.

 당신은 프로젝트와 작업을 끝까지 밀어붙여 원하는 결과를 달성하는 천재성을 타고나지 않았고/않았거나 거기서 에너지와 기쁨을 얻지 못합니다.

 당신은 다른 사람들에게 프로젝트와 아이디어에 대한 격려와 지원을 제공하는 천재성을 타고나지 않았고/않았거나 거기서 에너지와 기쁨을 얻지 못합니다.

보다시피 나의 두 가지 업무 천재성(기쁨과 에너지를 얻고 대다수가 나의 가장 큰 장점으로 여기는 활동)은 창의성과 판별이다. 창의성 천재성은 내가 새로운 아이디어 생각해내는 것을 좋아한다는 사실을 나타낸다. 아무것도 없는 상태에서 새로운 제안, 제품, 아이디어를 만들어내는 일이 수월하다. 사실 나는 무에서 유를 창조해내는 것을 선호한다. 판별 천재성은 내가 아이디어를 평가하는 것 역시 좋아한다는 사실을 나타낸다. 데이터나 그 분야의 전문지식이 제한적일 때도 직관적 판단에 의존해 평가하고 결정을 내린다. 나도 다른 사람들도 내 직감을 신뢰한다.

온종일 사람들이 해결해야 할 중요한 문제를 들고 와서 참신한 해결책을 내놓으라고 한다면 나한테는 꿈의 직업이 될 것이다. 그때 나는 최상의 상태가 된다. 또한 사람들이 그들의 아이디어를 가지고 와서 내 직감과 육감으로 평가해주기를 요청할 때도 좋다. 지금 내 직책에서 이런 종류의 일을 많이 할 수 있다는 것은 축복이다. 상상할 수 있듯이 이 모델을 생각해내고 다듬는 과정은 파티와 같았다!

업무 역량(하기를 마다하지 않고 어느 정도 유능한 활동) 두 가지는 독려와 사고다. 독려 역량은 새로운 계획이나 아이디어를 중심으로 사람들을 잘 모을 수 있다는 뜻이며, 사고 역량은 조직이나 세상의 상황에 대해 생각해보고 숙고하기를 마다하지 않는다는 뜻이다. 그렇지만 이 두 가지는 업무 천재성이 아니므로 이런 활동을 너무 많이 하면 결국 지쳐버린다.

나는 이를 잘 알고 있다. 몇 년 동안 회사에서 독려를 맡은 사람이 비록 나 혼자는 아니지만 주로 내가 했기 때문이다. 직원들 모두 내가 독려하기를 좋아해서 그 역할을 한다고 생각했으나 나는 다른 사람들이 회피한 일을 떠맡았을 뿐이다. 그 역할이 내가 가장 좋아하는 일(창의성과 판별)을 못 하게 만들어 결국 나를 짓눌렀다. 사고 업무의 경우 얼마간 생각하는 것은 괜찮지만 좀 더 생각이 필요한 상황에서도 나는 금방 조급해지고 해결책을 구상하는 쪽으로 나아가고 싶어진다.

마지막으로 업무 좌절 영역(에너지와 기쁨을 고갈하는 영역) 두 가지는 지원과 끈기다. 나는 다른 사람들의 생각대로 프로젝트 돕기를 즐기지 않고 잘하지도 못하며, 아이디어 단계가 끝난 후 프로젝트나 계획을 끝까지 밀고 나가는 걸 즐기지 않고 잘하지도 못한다는 뜻이다. 물론 가끔 지원 활동도 하고 끈기도 발휘해야 하지만 이로부터 얻는 만족감이 거의 없으며 오랫동안 지속하면 금방 번아웃이 온다. 게다가 창의성과 판별력이 바람직하거나 필요한 상황이 아닐 때마저 이를 이용해 도움을 주고 작업을 끝낼 방법을 찾고자 하는 유혹을 느낄 것이다.

지원 활동에 좌절을 느끼는 걸 인정하기 어렵다는 사실을 인정해야겠다. 내가 좋은 사람이 아닌 것처럼 느껴지게 하기 때문이다. 나는 사람들 도와주기를 정말 좋아하지만, 창의성과 판별력을

쓰지 않고 도움을 주는 건 어렵다. (아내 로라에게 사과하는 마음으로 이
야기하건대) 누군가 정확히 자신이 원하는 방식으로 어떤 일을 해
달라고 부탁할 때면 나는 시들해진다. 이는 변명이 아니라 천성
에 대한 설명이다. 지원을 쉽게 아주 잘해주는 사람을 보면 진심
으로 존경스럽다. 끈기의 경우 나는 하던 일을 끝내기도 전에 다
음 일로 넘어가고 싶어 하는 것으로 악명이 높다. 사실 책의 이 부
분을 쓰고 있는 지금도 다음 책의 도입부를 막 쓰기 시작했다. 담
당 편집자인 트레이시는 그런 행동을 별로 좋아하지 않는다. 미
안해요, 트레이시.

요즘에는 창의적인 업무와 판별 업무에 최대한 많은 시간을 내
려고 신경 쓴다. 독려나 사고가 필요할 때는 기꺼이 돕고 나서지
만, 거기에 천재성이 있는 다른 사람들에게 더 많이 하라고 권장
한다. 또한 지원해주거나 끈기를 발휘해야 하는 경우를 피하려고
최선을 다하며, 불가피한 때는 곧 창의성과 판별력을 발휘할 업
무로 복귀할 수 있다고 생각하며 버텨내려 노력한다.

천재성이 혁신형인지 또는 반응형인지에 관해서는 각 유형을
하나씩 가지고 있다. 내 천재성 중 하나인 창의성은 변화를 가져
올 아이디어를 생각해내는 것이므로 혁신형 천재성이다. 다른 천
재성인 판별은 다른 사람들의 아이디어와 제안에 반응하는 반응
형 천재성이다. 그러므로 두 측면이 균형을 이룬다고 할 수 있다.
어떤 사람들은 두 가지 천재성 모두 혁신형 또는 반응형에 속하

는 것으로 나올 것이며, 이 경우에는 혁신형 또는 반응형의 영향이 더 두드러질 것이다.

지금까지 업무 천재성이 한 사람을 어떻게 설명해주는지 간략히 알아봤다. 하지만 내가 팀원들과 어떻게 상호작용하는지가 훨씬 더 크고 똑같이 중요한 문제다. 다음은 이와 관련된 사항을 살펴볼 것이다.

생산성을 끌어올리는
팀 업무 천재성 지도

일의 3단계를
먼저 구분하라
—

업무 천재성 모델과 다른 도구들의 차이점은, 이 여섯 가지 업무 천재성 유형은 어떤 종류의 공동 업무와 관련된 어떤 활동에도 적용할 수 있다는 점이다. 따라서 팀, 프로젝트, 조직을 이끄는 리더들에게 매우 유용하다.

업무 천재성 모델을 구상할 때 여섯 가지 유형을 완전히 이해하기 전, 일의 3단계부터 구분했다는 사실을 기억하라. 일의 3단계에서 여섯 가지 업무 천재성 유형이 나왔다. 팀의 맥락에서 여

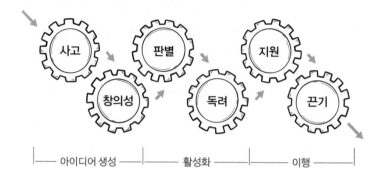

일의 3단계에 따른 업무 천재성 유형

| 사고 | 판별 | 지원 |
| 창의성 | 독려 | 끈기 |

|—— 아이디어 생성 ——|—— 활성화 ——|—— 이행 ——|

섯 가지 업무 천재성 유형을 살펴보기에 앞서 일의 3단계부터 간단히 보도록 하자.

일의 첫 번째 단계인 아이디어 '생성'은 사고와 창의성으로 구성된다. 이는 요구사항을 파악하고 해결책을 제안하는 업무로, 혁신은 대부분 이 단계와 관련 있다. 창의적 업무 이전에 누군가는 중요한 질문을 하거나 요구사항을 파악해야 한다. 사고는 모든 종류의 일에서 대단히 중요한 첫 번째 작업이며, 창의적 업무를 하기 위한 배경이 된다.

일의 두 번째 단계인 '활성화'는 판별과 독려로 구성된다. 이 단계에서는 아이디어 생성 과정에서 나온 아이디어나 해결책의 장점을 평가한 다음 이행할 가치가 있는 아이디어나 해결책을 중심으로 사람들을 단결시킨다. (뒤에서 다루겠지만) 대부분의 조직은 이 단계가 존재한다는 사실조차 인식하지 못하므로, 첫 번째 단계인 아이디어 생성에서 세 번째이자 마지막 단계로 곧장 건너뛴다.

마지막 세 번째 단계인 '이행'은 지원과 끈기가 필요하며, 작업을 완료하는 단계다. 지원과 끈기 천재성을 가진 사람들은 어떤 조치에 대한 요청에 응하거나 작업이 완료되는 마지막 단계까지 행동을 밀어붙여 판별과 독려 과정을 거친 훌륭한 아이디어가 실제로 결실을 볼 수 있게 만든다.

○ 빠뜨리기 쉬운 업무 단계

앞서 언급했듯이 일의 3단계를 이해하는 데 가장 중요한 부분은 아이디어 생성에서 이행으로 바로 넘어가지 않게 활성화 단계가 존재한다는 사실을 인식하는 것이다. 조직이 이 단계를 거르고 이행으로 넘어갈 때 낮은 성공률에 당황하는 경우가 많다. 설상가상으로 고통스럽고 불필요하며 비생산적인 비난과 손가락질을 경험하기도 한다. 바로 이런 식이다.

아이디어를 내는 사람들은 자신의 아이디어가 결실을 보지 못할 때 좌절하고, 왜 이 환상적인 구상을 실행하지 못하는지 의아해하며 이행 담당자들을 비난한다. 동시에 이행 담당자들은 성공하지 못해서 좌절하고, 왜 애초에 아이디어를 내는 사람들이 더 좋은 아이디어를 내놓지 않았는지 의아해한다. 많은 조직에서 너무나 흔히 나타나는 현상이다.

적절한 활성화 단계 없이는 제아무리 훌륭한 아이디어라도 제대로 검토, 수정, 개선되지 않고(판별), 사람들이 제대로 교육받지도, 영감을 받지도 못한다(독려). 활성화 단계의 본질과 중요성을 이해하는 것만으로도 즉각적으로 계획의 성공률을 상당히 높일 수 있다.

모든 팀 기반 작업에 필요한 여섯 가지 활동

—

본질적으로 모든 공동 업무에는 여섯 가지 업무 천재성 전부가 반드시 포함돼야 한다. 그중 하나라도 부족하면 실패와 좌절을 맛볼 가능성이 훨씬 더 커진다. 이처럼 각 업무 천재성은 다른 업무 천재성에 필요한 것을 제공하고, 반대로 다른 업무 천재성으로부터 중요한 것을 받기도 한다. 그래서 이 모델을 서로 맞물려 돌아가는 톱니바퀴로 표현했다(실제로 아내의 아이디어였다. 고마워, 로라!).

각종 작업이 이뤄지는 일반적인 일의 흐름 속에서 여섯 가지 업무 천재성이 어떻게 어우러지는지 살펴보자.

사고

일의 첫 번째 단계에서는 누군가가 중요한 질문을 하거나, 더 큰 가능성이 있는지 고민하거나, 경고 신호를 보내거나, 단순히 상황을 추측해볼 필요가 있다.

- "더 나은 방법이 있을까요?"
- "이게 우리가 만들 수 있는 최고의 회사일까요?"
- "우리가 고객을 응대하는 방식에 문제가 있다고 느끼는 사람이 있을까요?"
- "우리에게 휴가가 필요할까요?"

창의성

다음 단계에서는 해결책을 마련하거나, 계획을 세우거나, 새로운 아이디어를 제시하거나, 새로운 접근법을 고안해 그 질문에 대답한다.

- "제게 아이디어가 있습니다!"
- "이 계획은 어떨까요?"
- "고객에게 이런 도움을 준다면 어떨까요?"
- "차로 이동할 수 있는 거리인 나파밸리 같은 곳으로 갑시다!"

판별

세 번째 단계에서는 창의적 작업을 거쳐 나온 아이디어에 반응하고 평가한다. 어떤 제안을 평가하거나, 해결책에 대한 피드백을 주거나, 접근 방식을 조정하는 작업이 여기에 포함된다.

- "훌륭한 아이디어일 거라는 직감이 듭니다."
- "그 가치는 뭔가 옳지 않다는 느낌이 강하게 듭니다."
- "제품 아이디어를 약간 수정해서 준비해야 할 것 같습니다."
- "이맘때는 몬터레이만이 밖에서 시간을 보내기에 더 좋은 날씨죠."

독려

계획이나 해결책이 검토를 거쳐 가치가 있다고 판단되면 다음 단계에서는 누군가가 사람들을 모으거나, 실행을 돕도록 요청하거나, 그것을 받아들이도록 영감을 줘야 한다.

- "여러분, 그녀의 아이디어를 들어보세요!"
- "모두 이 가치를 중심으로 뭉칩시다!"
- "고객 서비스 프로그램이 실행되도록 도와줄 수 있는 사람?"
- "자, 여러분! 몬터레이로 갈 거니까 모두 일정을 비워주세요."

지원

다음으로 누군가는 행동을 요청할 때 이에 응하고, 시간을 내주고, 해결책을 써서 앞으로 나아가는 데 필요한 작업을 하기로 동의해야 한다.

- "그 아이디어에 저도 힘을 보태겠습니다."
- "저도 그 가치에 동참하겠습니다."
- "저도 고객을 돕고 싶으니 필요하면 언제든 말씀해주세요."
- "몬터레이까지 제 차로 여섯 명을 태울 수 있습니다."

끈기

마지막으로 누군가는 프로젝트를 완료하고, 프로그램을 완성하고, 장애물을 극복하고, 작업이 요구 조건대로 완료되게 해야 한다.

- "이 새로운 아이디어는 아직 구현되지 않았으니 계속 추진합시다."
- "자, 여기서 마무리하고 이대로 오늘 밤 마감시간까지 이사회의 승인을 받을 수 있도록 합시다."
- "비켜보세요, 제가 고객 데이터베이스를 완성하겠습니다."
- "그 호텔에서 일하는 사람을 알고 있습니다. 지금 바로 전화해서 객실 예약과 할인에 대해 알아보겠습니다."

이 모든 과정이 어떻게 진행되는지 아주 간략히 살펴보면 다음과 같다. 사고 천재성은 변화의 필요성을 확인하고, 창의성 천재성은 해결책을 만들고, 판별 천재성은 해결책을 평가하고 다듬어서 실행하기를 권장하고, 독려 천재성은 실행을 위해 사람들을 모으고, 지원 천재성은 원조하며 인적 자원을 제공하고, 끈기 천재성은 작업을 완료하고 원하는 결과를 달성할 수 있게 한다.

물론 업무가 완벽히 논리에 맞게 일직선의 질서정연한 과정으로 깔끔하게 돌아가는 경우는 결코 없다. 그보다 훨씬 어수선하다. 기억해야 할 가장 중요한 사실은 모든 팀 프로젝트, 집단 프로그램, 공동 노력에 어떤 식으로든 여섯 가지 활동이 포함되며, 일반적으로 이 순서대로 진행된다는 것이다.

어떤 업무 천재성이
빠진다면

—

여러 사람이 일을 시작할 때 여섯 가지 업무 천재성 유형을 각각 적절히 활용할 수 있어야 한다. 그중 어느 하나라도 없으면 팀에서 무슨 일이 일어나게 될지 살펴보자.

사고 천재성의 결여

사고 천재성이 결여되면 팀이 한 발짝 물러나 주변에서 어떤 일이 일어나는지 숙고할 시간을 갖지 못할 수 있다. 시급한 문제만 해결하기 급급해 문화적 문제, 시장의 기회, 다가오는 문제를 간과할 수 있다.

창의성 천재성의 결여

창의성 천재성이 결여되면 팀에 명백한 문제가 생긴다. 많은 경우 예전 업무 처리 방식이 유효하지 않다는 것을 알면서도 같은 방식을 거듭 시도하는 헛수고를 하며 좌절감을 맛본다.

판별 천재성의 결여

판별 천재성이 결여되면 팀에서 큰 문제지만 알아차리기 어려울 때가 많다. 관찰, 식별, 증명하기가 쉽지 않기 때문이다. 그렇다고 해서 문제의 중요성이 덜한 것은 아니다. 판별 천재성이 부족한 팀은 데이터와 모델에 과도하게 의존함으로써 단순한 판단력으로만 결정을 내리게 된다. 잘못된 결정을 돌이켜보고 왜 잘못 판단했는지 의아해하며 당혹스러워하기 일쑤다.

독려 천재성의 결여

독려 천재성이 결여된 조직은 상대적으로 쉽게 알아볼 수 있다. 독려는 관찰하기 쉬운 천재성이다. 아무도 팀이 행동하도록 유도하지 않으면, 훌륭한 아이디어가 나와도 결실을 보지 못하고 팀의 잠재력도 발휘되지 않는다. 이런 상황에서는 "좋은 아이디어가 이렇게나 많은데 아무도 흥미가 없는 것 같아요"라는 말을 듣게 될 것이다.

지원 천재성의 결여

지원 천재성의 결여는 팀의 명백한 문제가 될 수 있지만 사람들이 지원을 천재성이라고 보지 않는 경우가 많은 탓에 간과된다. 팀에서 아무도 먼저 나서지 않으며, 독려하는 사람의 호소에 제대로 반응하지 않아 좌절감이 만들어진다. 누군가를 도움으로써 기쁨과 에너지를 얻는 사람들의 지원은 팀을 하나로 만드는 접착제라 볼 수 있다. 지원 천재성이 부족한 팀은 성공할 가능성이 낮다. 직원들의 요청에 응하며 행동으로 보여주는 리더와 모든 차원에서 팀이 앞으로 나아갈 수 있게 지원하는 방법을 아는 구성원이 필요하다.

끈기 천재성의 결여

팀의 끈기 천재성 결여는 또 다른 명백한 문제다. 끈기 없이는 프로그램과 프로젝트, 일반 업무를 끝낼 수 없다. 다수의 스타트업에서 사고, 창의성, 판별, 독려에 천재성이 있는 사람들은 많은 반면 끈기에 천재성이 있는 사람은 적다. 중요한 후반 작업 단계에서 장애물을 뛰어넘고 난관을 헤쳐나가게 해줄 사람이 부족한 것이다.

모든 성공하는 팀에는 직급에 상관없이 그저 업무 완수하기를 즐기는 사람이 필요하다.

○ 부족한 업무 천재성을 보완하는 법

팀 차원에서 여섯 가지 업무 천재성 중 부족한 부분을 채울 수 있는 방법이 몇 가지 있다. 첫째, 팀에 부족한 천재성을 가진 사람을 새로 고용할 수 있다. 물론 그것이 항상 또는 즉시 가능하지는 않을 수도 있다. 둘째, 조직 내에서 누군가를 팀에 데려올 수 있다. 예를 들어 팀에 부족한 천재성을 가진 외부인을 중요한 회의에 참석시키고 필요할 때 도움을 받을 수 있다. 셋째, 팀원 가운데 팀에 부족한 천재성이 업무 역량 범위에 드는 사람을 찾아서 의지하는 것으로 미흡한 부분을 채울 수 있다. 하지만 이는 결국 번아웃과 분노를 초래할 수 있으므로 일시적인 해결책으로만 삼아야 한다.

각 업무 천재성이 발휘되는 고도

업무 천재성을 바라보는 또 다른 흥미로운 시각이 있다. 각 천재성이 발휘되는 업무 단계를 고도에 비유하는 것이다. 이론적으로 업무 과정은 '하늘 높이'에서 시작해 순차적으로 '하강'하다 '지상'에서 완료된다.

먼저 어떻게 고도에 비유되는지 살펴본 후 이 비유의 실질적인 이점을 설명하겠다.

업무 천재성이 발휘되는 고도

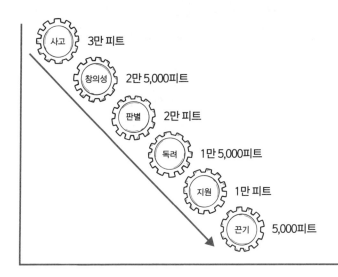

사고 천재성은 뜬구름 잡기라는 표현처럼 가장 높은 고도에서 쓰인다. 숙고하고, 질문하고, 추측하기는 실전이 벌어지는 장소와 시간보다 훨씬 전, 한참 높은 고도에서 이뤄진다.

창의성 천재성은 그보다 약간 낮지만 여전히 상당히 높은 고도에서 쓰인다. 의문이나 필요성을 제기할 때 창의성이 활용되나 이행보다 훨씬 전, 한참 높은 고도다.

판별 천재성은 창의성 천재성보다 약간 낮은 고도에서 아이디어나 제안의 실용성과 유용성을 평가한다. 이런 검토를 거치고 나면 아이디어나 노력은 '지상(즉 이행)'에 가까워진다.

다음에 오는 독려 천재성은 이행과 승인에 필요한 인적 자본을 모은다. 사람들은 영감을 받고, 설득되고, 협력하고, 지원을 위해 조직화된다. 이제 지면에 상당히 가까워지고 있다.

지원은 사람들이 참여해 계획이나 시도가 실제로 굴러가게 만들면서 업무 이행이 시작되는 지점이다. 최종 작업 단계의 시작이다.

끈기는 작업의 완료 단계, 즉 완전히 마무리하는 단계에서 필요하다. 지면이다. 다시 말하지만, 아이디어가 실제로 구현되는 지점이다.

○ 고도 비유가 중요한 이유

작업 중, 회의 중, 심지어 프로젝트 도중에 한 고도에서 다른 고도로 건너뛰는 경우가 있다. 이를 일종의 '난기류'로 생각하면 업무 천재성 모델을 팀에 적용할 때 도움이 된다. 사실 우리 모두 2만 5,000~3만 피트 고도에서 뜬구름 잡듯이 아이디어를 생각해내는 브레인스토밍을 해본 경험이 있다. 그런데 갑자기 팀원 하나가 좋은 의도에서 전술과 계획을 어떻게 집행할지 이야기하며 혼란을 초래한다. 비행기가 몇 분 만에 2만 피트나 하강하는 것이다. 그 결과 급격한 고도 하락에 맞서기 위해 상당한 지적 능력과 정서적 에너지를 써야 한다. 그리고 브레인스토밍을 계속할 수 있게 다시 비행 고도를 2만 5,000피트로 높여야 한다.

　마찬가지로 팀이 프로젝트를 90퍼센트쯤 진행해 지원과 끈기가 필요한 단계에 확실히 접어든(1만 피트 상공) 상태에서 사고나 창의성이 업무 천재성인 사람이 조종간을 잡고 "이게 옳은 계획이라고 확신하는 거죠?"라거나 "새로운 아이디어가 있습니다!" 같은 말을 한다. 몇 분 후 착륙할 줄 알았던 비행기가 그 순간 갑자기 2만 피트 고도로 올라간다. 어지럽고 멀미가 날 테니 비닐봉지를 준비해야 한다.

필요에 맞게 꺼내 쓰는
네 가지 업무 대화 스킬
—

업무 처리를 위해 다른 사람들과 자리할 때 생산성을 높이고 불필요한 혼란을 피하고 싶다면, 업무의 맥락이나 함께 나눌 대화의 성격을 잘 이해하고 합의를 봐야 한다. 일반적으로 업무 대화에는 네 종류가 있으며, 대화에 따라 각기 다른 업무 천재성이 활용된다.

브레인스토밍
빈도는 제일 낮지만 보통 가장 먼저 이뤄지는 업무 대화에서는 질문하고, 기회를 생각해보고, 아이디어를 제안하고, 그 아이디어가 효과 있을지를 평가한다. 이를 브레인스토밍이라고 하며 처음 세 가지 업무 천재성인 사고, 창의성, 판별이 여기에 관여한다. 참석자 모두가 이 점을 이해한다면, 아직은 무관한 다른 천재성들로 표류하지 않고 세 가지 업무 천재성에 맞춰 대화를 나눌 수 있다. 사람들이 브레인스토밍 자리에서 독려, 지원, 끈기를 발휘하려 할 때 적절한 단계에 이르기도 전에 논의를 실행으로 몰고 가려다 본인은 물론 다른 사람들까지 좌절시키는 경우가 많다. 독려, 지원, 끈기가 업무 천재성인 사람들은 흔히 이런 논의에서 왜 사고, 창의성, 판별이 업무 천재성인 사람들이 결정을 내리고 바로 실행으로 넘어가지 않는지 의아해하며 조바심을 낸다. 이런 상황에서는 대화를 자신이 편안한 영역으로 끌고 가는 것을 의도적으로 피해야 하며, 그게 소용없으면 대화에 아예 참여하지 않아야 한다(단, 이는 최후의 수단으로만 추천한다).

의사결정

또 다른 유형은 제안된 아이디어 또는 안건에 대한 결정을 내리는 것과 관련 있는 업무 대화다. 이러한 논의는 판별을 중심으로 이뤄지지만, 어느 정도의 창의성("색다른 아이디어로 조금 수정해봅시다")과 독려("사람들을 어떻게 참여시킬지 생각해봅시다")도 관여한다. 여기서는 다르게 생각해보자거나 의문을 제기하는 대화는 피하는 것이 좋다. 이와 관련된 대화의 시간은 끝났기 때문이다. 또한 지원과 끈기 천재성이 관여하는 실행에 착수하려는 유혹을 피하는 것도 중요하다. 두 천재성은 논의를 끝내기 위한 차선의 결정에 안주하게 만들 수 있기 때문이다.

착수

다음 유형은 사람들이 결정에 흥분하고 초기 행동에 참여하게 만드는 것에 관한 업무 대화다. 여기서는 독려와 지원 천재성이 중심이 되지만, 자신이 무엇에 참여하기로 했는지 이해하고자 하는 사람들의 질문이 나오기 때문에 판별 천재성도 관여한다. 이러한 논의에서는 사고와 창의성 천재성의 발휘를 가능한 한 피해야 한다. 두 천재성이 필요한 시간은 지났기 때문이다. 아직 끈기 천재성을 크게 발휘하지 않더라도 필요하기는 하다. 프로젝트를 완료하는 데 무엇이 필요한지에 대한 관점 없이 새로운 프로젝트를 조직한다면 향후 불필요한 혼란을 초래하기 때문이다.

현황 검토와 문제 해결

직장에서 나누는 업무 대화의 마지막 유형은 보통 직원 회의에서 제일 빈번하게 하는 대화다. 계획의 진행 상황에 대한 정기적인 논의뿐만 아니라 완료에 방해가 되는 장애물이나 문제의 파악, 해결책 논의도 여기에 포함된다. 독려(다시 독려)와 지원, 마지막으로 끌기 천재성이 중심이 된다. 팀원들이 이 단계에서 사고나 창의성을 발휘하려고 하면 대개 혼란과 좌절을 불러일으킨다. 판별 천재성도 원래의 아이디어나 제안의 재평가보다 전술적 장애물의 극복 과정으로 제한해서 발휘해야 한다.

이 모든 것의 핵심은 해당 논의(또는 회의)의 목적에 대해 팀원들과 계속 확인하면서 각 논의 시간에 필요한 천재성을 가진 사람이 반드시 참석하거나 발언하게 하는 것이다. 모든 사람이 자신이 해야 할 일을 명확히 알고 이에 맞춘다면 적절한 천재성을 활용할 수 있을 것이다. 또한 관련 없거나 도움이 되지 않는 천재성으로 건너뛰거나 되돌아가지도 않을 것이다.

팀 업무 천재성 지도 활용하기

업무 천재성을 집단에 적용하는 가장 효과적이고 간단한 방법은 팀 지도를 사용하는 것이다. 이는 팀원들의 업무 천재성과 업무 좌절 영역을 그려놓은 것으로, 서로를 더욱 이해할 수 있게 해주고 팀에 부족한 업무 천재성과 팀원의 재배치, 재편성 가능성을 잘 보여준다.

위의 팀 지도는 우리 회사 더테이블그룹에서 8인으로 구성된

더테이블그룹의 8인 팀 업무 천재성 지도

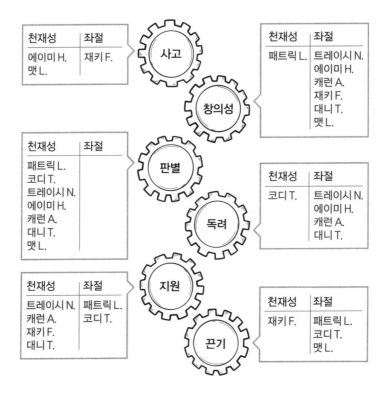

천재성	좌절
에이미 H. 맷 L.	재키 F.

사고

창의성

천재성	좌절
패트릭 L.	트레이시 N. 에이미 H. 캐런 A. 재키 F. 대니 T. 맷 L.

천재성	좌절
패트릭 L. 코디 T. 트레이시 N. 에이미 H. 캐런 A. 대니 T. 맷 L.	

판별

독려

천재성	좌절
코디 T.	트레이시 N. 에이미 H. 캐런 A. 대니 T.

지원

천재성	좌절
트레이시 N. 캐런 A. 재키 F. 대니 T.	패트릭 L. 코디 T.

끈기

천재성	좌절
재키 F.	패트릭 L. 코디 T. 맷 L.

팀을 토대로 작성한 것이며 몇 명의 이름은 개인정보 보호를 위해 바꿨다. 각 사각형에는 특정 영역이 업무 천재성 또는 업무 좌절에 해당하는 팀원들의 이름이 포함돼 있다. 아무 칸에도 표시돼 있지 않다면 역량 범주에 속한다. 업무 천재성과 업무 좌절만

표시한 이유는 팀이 어려움을 겪을 수 있는 영역을 강조하기 위해서다.

몇 년 전에 작성한 우리 팀의 업무 천재성 지도를 대충 훑어보기만 해도 몇 가지 문제가 확연히 드러난다.

첫째, 창의성 천재성이 있는 사람이 팀에 한 명뿐이다. 바로 나다. 우리가 하는 일의 성격, 내가 창의적 업무에 할애할 수 있는 시간 등 여러 요인에 따라 이 점이 문제가 될 수도, 안 될 수도 있다. 우리의 경우 내가 다른 영역에 지나치게 많은 시간을 썼고 그것이 내 천재성 영역이 아니기에 문제가 됐다. 이에 관해서는 잠시 후에 더 설명할 것이다.

둘째, 끈기 천재성을 가진 사람도 팀에 한 명뿐이었다. 이 역시 문제가 될 수도, 안 될 수도 있다. 우리의 경우 문제로 밝혀졌다. 그 문제에 관해서도 잠시 후 살펴볼 것이다.

다음으로 독려 천재성이 있는 사람도 팀에 한 명뿐이었다. 그뿐 아니라 독려가 좌절 영역인 사람, 즉 나서서 독려할 가능성이 낮은 사람이 몇 명인지 주목하라.

마지막으로 여기서 주목해야 할 흥미로운 점이 더 있다. 판별 천재성을 보유한 팀원들의 비중이 높고, 지원 천재성을 보유한 팀원들도 여럿이다. 이는 팀의 직관력 수준을 고려할 때 의사결정이 대체로 견실하고, 기꺼이 참여하려는 인원도 부족하지 않음을 의미한다.

이제 독려를 시작으로 문제가 될 수 있는 점들을 살펴보자. 독려가 업무 천재성인 팀원은 코디뿐이지만, 당시 코디는 독려할 수 있는 직급이 아니라서 팀의 리더인 내가 주로 독려를 담당하는 게 타당해 보였다. 나는 독려가 업무 역량 영역이므로 꽤 잘 해냈다. 그래서 팀원들의 독려에 많은 시간과 에너지를 썼는데, 이는 두 가지 이유로 문제가 됐다.

첫째, 내게 기쁨과 에너지를 줄 뿐만 아니라 팀에도 필요한 창의적 업무를 위해 쓸 수 있는 시간과 에너지가 제한됐다. 둘째, 독려를 너무 많이 하다 보니 번아웃이 왔다. 이게 바로 자신의 천재성 영역이 아니지만 잘하는 업무에 너무 많은 시간을 쓸 때 발생하는 현상이다. 나는 밤과 주말에 해야 하는 창의적 업무를 보면서 좌절감을 느꼈고 출근해서 줄곧 팀원들을 독려해야만 하는 상황이 원망스러웠다.

알고 보니 나만 이런 곤경에 처한 게 아니었다. 끈기가 업무 천재성인 팀원이 한 명뿐이란 사실은 창의성이 업무 천재성인 팀원의 부족보다 훨씬 심각한 문제였다. 대부분의 조직에서는 새로운 아이디어를 생각해줄 사람보다 업무를 완수해줄 사람이 더 많이 필요하다. 일은 10퍼센트의 영감과 90퍼센트의 땀으로 이뤄진다는 옛말도 있지 않은가. 그 수치가 정확한지는 모르겠지만 정말 옳은 말이다.

팀원 중 한 명인 트레이시는 끈기가 업무 역량이고 지원이 업무 천재성인 까닭에 수시로 사람들이 끈기가 주로 필요한 작업에 들어와달라고 요청했다. 그것도 매우 자주. 그녀는 항상 승낙했고 솔직히 일을 오랫동안 아주 잘해줬다. 팀 지도를 검토했을 때 그녀가 불쑥 말했다. "저게 문제였네요! 끈기가 필요한 업무라면 지겨운데 그런 업무는 전부 제 책상에 놓이는 것 같더라니!" 그 말은 전적으로 옳았다. 게다가 트레이시는 자신의 진정한 업무 천재성인 판별력을 더 발휘하고 싶어 했지만, 프로젝트를 마무리하고 업무를 완료하기 위해 그런 일을 미루는 경우가 잦았다.

설상가상으로 트레이시의 다양한 업무 중에는 내 편집자 역할도 있었다. 다른 사람의 아이디어를 평가하고 통찰력 있는 피드백을 주는 판별 천재성을 가진 사람에게 딱인 역할이다. 나는 직원들을 독려하느라 창의적인 업무를 미루고, 트레이시는 끈기가 필요한 업무를 하느라 판별 업무를 미루다 보니 당연히 책의 집필이 자주 예정보다 늦어졌다. 이에 못지않게 중요한 사실은 트레이시도 나도 점점 더 심한 번아웃을 겪고 있었다는 것이다.

○ 쉽고 간단한 운영법

보고서를 보자마자 부서 내의 문제점을 확인할 수 있었다. 생산성과 사기를 높이고 싶다면(누가 그러고 싶지 않겠는가?) 트레이시가 끈기가 필요한 일에 쏟는 시간과 내가 독려에 쏟는 시간을 줄여 각자의 천재성 영역에 더 집중할 수 있게 해야 했다. 그것이 회사에도 우리에게도 좋은 일이었다. 그런 업무를 전면 중단한다는 게 아니라 감당할 수 있는 수준으로 줄인다는 뜻이었다. (트레이시와 나는 업무 천재성 영역 외의 일도 해야 한다는 것을 잘 알았다.)

문제가 명확히 보이자 답을 훨씬 쉽게 알 수 있었다. 직원들의 집중력을 유지하고 전략적으로 계획을 추진하기 위해 매일 하는 회의의 진행을 코디에게 맡김으로써 그의 독려 능력을 활용했다. 코디의 기여도와 열의는 즉시 높아졌고 내가 느끼는 자유와 안도감도 엄청나게 증가했다! 요즘 우리는 코디를 독려 담당 최고책임자라고 부른다.

트레이시의 경우 끈기가 업무 역량에 속하는 모든 팀원이 그녀의 짐을 분담해야 한다는 데 동의했다. 트레이시는 과도하게 주어진 업무를 전부 공개하고 사람들과 업무를 나눠 가졌다.

그 외에도 다음에 뽑을 팀원이 갖춰야 할 능력을 정확히 이해하게 됐다. 우리는 판별과 끈기가 업무 천재성인 훌륭한 여직원 한 명과 창의성과 독려가 업무 천재성인 우수한 남자 직원 한 명을 채용했다. 두 사람 모두 우선 회사의 문화와 잘 맞아야 할 뿐만 아니라 우리에게 필요한데 종종 부족했던 업무 천재성을 가지고 있어야 한다는 걸 중점에 뒀다.

이 모든 조치가 생산성(더 짧은 시간에 더 많은 일을 처리하는 능력)과 사기(열의를 품고 출근하며 평화로운 마음으로 퇴근하는 즐거움)에 미치는 영향은 분명했다. 팀 업무 천재성 지도가 없었다면 문제를 이토록 확실히 파악하거나 빨리 해결하지 못했을 것이다.

다음은 팀의 현실을 명확히 보여주고, 신속한 조치를 할 수 있게 해준 팀 보고서의 또 다른 예다.

제품 개발과 혁신 측면에서 수년간 경쟁사에 뒤처져 있던 한 대형 기술 회사의 리더십팀에 조언을 해준 적이 있다. 당연히 그 회사의 시장점유율, 매출, 이익률은 기대에 미치지 못했다. 그들은 업무 천재성 평가를 받기로 했지만, 평가에 거는 기대는 솔직히 낮았던 것 같다. 많은 임원이 인성 검사에 회의적인 상황에서 업무 천재성 평가에는 과연 어떻게 반응할지 확신할 수 없었다.

보다시피 팀원 중에서 사고가 업무 천재성인 사람이 아무도 없었다. 그뿐 아니라 팀원 상당수는 사고가 업무 좌절 영역이었다. 그 외에도 창의성이 업무 천재성인 팀원은 단 한 명이었는데 바로 그들의 변호사였다! 이 회사는 기술 회사임을 기억하라.

자신들의 업무 천재성 보고서를 본 후 회의적이었던 팀원 한 명이 거의 즉각적으로 이렇게 말했다. "문제가 여기에 있군요. 우리는 생각하는 법이 없습니다. 시장에서 무슨 일이 일어나는지, 고객들의 필요가 무엇일지, 우리가 어디로 가고 있는지 숙고하지 않습니다. 끈기를 가지고 일을 끝내는 것밖에 모릅니다."

평가 결과를 보고 나서 그런 발언이 이토록 빨리 나왔다는 게 믿기지 않았다. 더구나 말을 한 사람이 내가 전혀 기대하지 않았던 이라 기쁘면서도 놀라웠다. 그는 계속 말했다. "우리는 생각해

대형 기술 회사의 팀 업무 천재성 지도

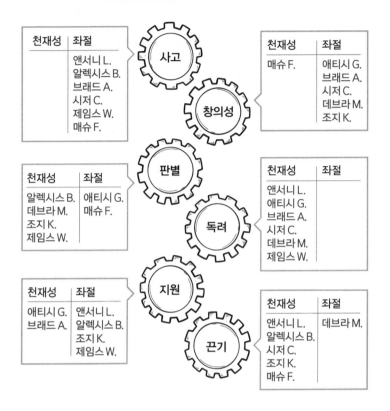

천재성	좌절
	앤서니 L.
	알렉시스 B.
	브래드 A.
	시저 C.
	제임스 W.
	매슈 F.

사고

창의성

천재성	좌절
매슈 F.	애티시 G.
	브래드 A.
	시저 C.
	데브라 M.
	조지 K.

판별

천재성	좌절
알렉시스 B.	애티시 G.
데브라 M.	매슈 F.
조지 K.	
제임스 W.	

독려

천재성	좌절
앤서니 L.	
애티시 G.	
브래드 A.	
시저 C.	
데브라 M.	
제임스 W.	

지원

천재성	좌절
애티시 G.	앤서니 L.
브래드 A.	알렉시스 B.
	조지 K.
	제임스 W.

끈기

천재성	좌절
앤서니 L.	데브라 M.
알렉시스 B.	
시저 C.	
조지 K.	
매슈 F.	

볼 시간을 확보해야 하고, 이제부터 모든 회의에서 안건, 수치, 할 일들만 다루면 안 됩니다." 모두 이에 동의했다. 솔직히 나는 믿기지 않았다. 그들은 스스로 자신의 문제를 진단했고 컨설턴트인 내가 지적했을 때보다 훨씬 더 쉽게 그 진단을 받아들였다.

사고에 많은 시간을 할애하자는 약속에 그치지 않고 팀은 한 걸음 더 나아갔다. 사내 변호사의 업무 천재성이 창의성임을 확인한 후 신기술 인수가 그의 직무에 포함되도록 바꾼 것이다. 변호사는 업무 천재성을 발휘하게 돼 매우 기뻐했고, 팀은 중요한 영역을 담당할 능력 있는 사람이 존재한다는 사실에 안도했다. 팀 업무 천재성 지도에 분명히 드러난 문제점을 보지 못했다면 그런 파격적인 조치를 취할 가능성은 희박했을 것이다.

성장과 혁신을 위한
최고의 방법

지난 25년 동안 더테이블그룹의 모든 직원은 더 나은 리더십, 팀 워크, 명확성, 소통, 인적 시스템으로 조직을 보다 건강하고 효과 적으로 만들고자 노력해왔다. 우리는 조직의 건강이 조직의 지성 보다 훨씬 중요하다고 항상 믿어왔으며 지금도 그렇게 믿고 있 다. 리더들은 사내 정치와 혼란을 최소화함으로써 생산성과 참여 도, 충성도를 끌어올리고 전략적 이점을 완전히 활용해 원활히 돌 아가지 않는 조직은 결코 꿈도 못 꿀 높은 성과를 달성할 수 있다.

업무 천재성은 이 모든 과정에 어떻게 적용될까? 업무 천재성 모델은 나 자신이 즐겁고 활기찬 직장 생활을 해보려는 과정에서 나왔지만, 이후 이 모델이 조직의 건강에 절대적으로 중요하며 내가 상상할 수 있는 것보다 더 여러 면에서 요긴하다는 사실을 깨닫게 됐다. 업무 천재성 모델이 적용되는 면면을 확인해보자.

첫째, 경영진이 구성원들의 업무 천재성을 올바로 이해하고 활용하지 못한다면 그 조직의 결속력은 빈약하다. 이것은 책 한 권이 나올 만한 주제다. 구성원들의 업무 천재성에 따라 역할과 업무를 조정하는 경영진과 직급이나 일반적인 기대치에만 의존하는 경영진의 차이는 말로 표현하기 힘들 정도로 크다.

둘째, 업무 천재성은 생산성의 핵심이다. 조직 구성원들이 자신의 천재성 영역과 좌절 영역을 이해하고 투명하게 드러낼 때 리더들은 직원들이 훨씬 더 능률적으로 일하도록 조정할 수 있다. 결국 직원들은 더 적은 시간에 더 많은 업무를 처리하고 서로 간의 마찰이 줄어든다. 이 효과는 직원들이 경험하는 대부분의 측면에 스며 있기 때문에 영향을 측정하기가 거의 불가능하다.

셋째, 앞의 사항과 관련해 업무 천재성은 다른 어떤 요소 못지않게 인재 유지, 업무 몰입도, 직원 사기에 필수적이다. 직원들이 자신의 업무 천재성이 관리자들에게 제대로 활용되며 인정받고 있다는 사실을 깨달으면, 더 큰 열정과 열의로 일하게 되고 어려운 시기에 조직을 떠날 가능성도 훨씬 줄어들 것이다. 그들은 회사에서의 경험을 다른 사람들에게 이야기해 새로운 직원은 물론이고 고객까지 끌어올 것이다.

마지막으로 어떤 조직에서든 가장 중요한 이 활동은 참여하는 사람들이 자신의 업무 천재성과 좌절 영역을 알고 바로 이해할 때 바뀔 수 있다. 내가 이야기하는 것은 바로 회의다. 사람들이 어떤 종류의 대화를 나누는지 알고, 그 대화 중에 적합한 업무 천재성을 활용할 때 더 나은 결정을 내릴 수 있으며 다른 팀들은 이해하지 못하는 방식으로 결정을 받아들인다.

나는 조직 개발과 효율성이란 세계에 몸담으며 그간 내가 해온 일들을 확신하는 만큼, 업무 천재성이 모든 것의 근간이 된다고 전적으로 믿는다. 창업자든 최고경영자든 최근에 고용된 직원이든 상관없이 직장에서 생동감이 넘칠 때, 건강한 조직을 만드는 데 기여하고 기능 장애에 빠지지 않도록 도움을 줄 가능성이 훨씬 커진다.

새로운 인생을 사는 천재들

자신의 타고난 업무 천재성과 맞지 않는 직업이나 역할에 갇혀 좌절감 속에 살아가는 사람들이 세상에 참 많다. 가슴 아픈 일이다. 게다가 그들 중 다수가 자신이 왜 비참한지 전혀 모른다는 사실이 더욱 안타깝다. 그런 이들이 이 책을 읽고 스스로 업무 천재성을 평가해봄으로써 비참함을 줄일 수 있는 방법을 찾아내고 적용하게 되기를 바란다. 2년 전 우리가 업무 천재성 평가를 시작한 이후 전 세계 곳곳에서 이를 실행하고 있다는 사람들의 이야기를 들어 무척 기쁘다. 업무 천재성 평가는 그들의 직장 생활을 넘어 결혼, 가족, 우정까지 우리가 예상했던 것 이상의 영향을 미쳤다고 한다.

사업가 크리스털의 이야기

번아웃이 오기 직전이었던 크리스털은 '사업체를 매각할 준비를 하고 있었던' 차에 업무 천재성 모델을 알게 됐다. 그녀는 업무 천재성 평가를 받고서 15분 만에 자신이 업무 천재성 영역을 벗어난 일들, 기쁨과 에너지를 고갈하는 일들을 주로 하고 있었다는 사실을 깨달았다. 그 주에 직원들도 전원 업무 천재성 평가를 받게 했고, 곧바로 자신을 비롯한 모든 직원이 천재성 영역 업무에 쓰는 시간이 늘어나도록 팀을 재구성했다. 한 달 후 그녀에게 연락해 "여전히 회사를 매각할 계획입니까?"라고 묻자 이런 대답이 돌아왔다. "그럴 리가요. 몇 년 만에 가장 만족스러운 해를 보냈는걸요!"

목사 케빈의 이야기

케빈은 '와우'라는 제목의 이메일을 보내왔다. 그는 20년 가까이 목사로 재직하면서 소명을 제대로 수행하지 못하고 있다는 죄책감과 압박감에 끊임없이 시달리며 살아왔다고 설명했다. 심각했다. 케빈은 창의적이고 영감을 주는 설교를 구상하기가 힘들었고, 주일 아침이면 지쳐서 부족함을 탓하며 괴로워했다. 업무 천재성 평가를 받고 창의성이 자신의 천재성이 아님을 알게 된 후 해방감을 느낀 그는 목회자 전부가 모든 영역에 천재성이 있을 수는 없음을 깨달았다. 그리고 자신이 신도들을 상담하고 지원하는 일은 정말 좋아하고 잘하며, 창의적인 설교 준비의 어려움을 극복하려 노력하기보다 그런 천재성을 가진 목회자의 도움을 받을 수 있다는 것을 인정했다. 이제 소명을 더 이상 의심하지 않게 됐고 죄책감과 자기비판도 크게 줄어들었다. 할렐루야!

히스의 이야기

히스는 '저는 아내가 저를 미워한다고 생각했습니다'라는 글을 보내왔다. 그의 말은 과장됐고 약간 장난스럽기도 했지만 실제로 그렇게 느낄 때가 종종 있었다고 했다. 그는 새로운 아이디어 떠올리기를 좋아하지만, 대개 아내가 이를 비판하고 깔아뭉개리라는 생각에 낙담할 때가 많았다. 결혼기념일에 업무 천재성 평가를 받았는데, 히스는 창의성에 천재성(새로운 아이디어)이, 아내는 판별에 천재성(아이디어 평가)이 있었다. 아내는 그를 낙담시키려는 의도는 전혀 없이 오히려 깊이 아끼는 남편에게 유용한 피드백과 판별력으로 도움을 주려 했음을 두 사람은 깨달았다. 그녀는 남편의 아이디어가 성공하게 돕고 싶었고, 이를 위한 가장 좋은 방법은 평가해주고 수정안을 제안함으로써 그의 시간과 에너지, 실망할 가능성을 줄여주는 것이라 생각했다. 히스는 이러한 깨달음이 수년간 부부관계에 존재했던 미묘한 마찰을 해소해줬으며 최고의 결혼기념일 선물이었다고 말했다.

업무 천재성 평가를 시작한 지 90일이 채 지나기 전에 사람들이 자발적으로 이런 사연들을 보내왔다. 그 이후로도 타고난 천재성에 대한 깨달음만으로 직업, 경력, 생활에서 즉각적인 개선을 경험한 사람들이 수많은 유사한 사연을 보내왔다. 나는 사람들의 삶에 이렇게 즉각적인 영향을 미치는 일을 해본 적이 없다고 자신 있게 말할 수 있다.

마음의 평화
: 죄책감, 비판, 번아웃의 감소
—

자기 자신과 다른 사람들을 이해하려는 이유는 결국 우리 마음속에서 그리고 다른 사람들과의 관계에서 평화로움을 느끼기 위해서다. 이는 가벼운 문제도, 이론적인 문제도 아니다.

많은 사람들의 평화를 앗아가는 큰 요인 중 하나는 타고난 강점과 맞지 않는 일을 해야 한다는 것이다. 그러나 대부분이 이 사실을 깨닫지 못하고 자기 일을 더 잘하지 못하는 것에 낙담하며 죄책감을 느낀다. 그런 종류의 죄책감은 불필요할뿐더러, 근로자들과 그들이 사랑하는 사람들의 삶에 심각한 문제를 초래한다.

모두가 공감할 수 있는 문제다. 우리는 어떤 일에 능숙하지 못한 자신에게 낙담한 적이 있고, 대부분은 그 때문에 자책해본 적이 있다. 나도 직장 생활 초기에는 그랬다. "왜 이 일을 동료들처럼 잘하지 못할까? 나는 뭐가 문제지?" 이 질문에 대한 답은 "그들은 자신이 즐기고 선천적으로 능숙한 일을 하고 있는데 나는 그렇지 않기 때문이다"여야 했다. 그 사실을 알지 못했기에 죄책감을 느꼈고, 이 고전을 노력이나 지능, 더 나쁘게는 덕성의 부족 탓으로 돌렸다.

비판도 마찬가지다. 우리는 어떤 일로 어려움을 겪는 동료를 보면서 노력이나 지능, 덕성의 부족 탓이라고 여긴다. "그는 왜 이걸 못하는지 모르겠습니다. 그냥 신경을 쓰지 않는 것 같아요. 아니면 우리가 생각했던 것만큼 똑똑하지 않은가 봅니다. 어쩌면 그가 팀에 헌신하지 않아서일까요?" 누구나 해본 적 있을 이런 비판은 위험하고 파괴적이다. 사람들에게 상처와 거부당한 느낌을 주며, 팀과 조직, 심지어 가족에게 부정적인 영향을 미친다.

부적절한 죄책감과 비판을 막아줄 열쇠는 자신과 다른 사람들을 더 정확히 이해하는 것이다. 자기 자신과 서로의 강점, 약점을 바로 알 때 죄책감이나 판단은 사라지고 공감과 생산적인 지지로 대체될 것이다. 자신에게 이와 같이 말할 수 있게 될 것이다. "나는 이 일은 정말로 못해. 내 기술과 천재성에 맞는 더 나은 방법을 찾아야만 할 것 같아." 다른 사람이 고전하는 모습을 보면 이렇게 말할 것이다. "이 일이 당신에게 맞는 직무일까요? 당신의 기술과 천재성을 활용할 더 나은 방법이 있을 거예요."

물론 근면하지 못하거나, 이해력이나 덕성이 부족하다고 할 만한 사람들도 있다. 그런 경우에는 연민을 갖고 적절히 처리해야 한다. 그러나 내가 본 많은 사례에서 사람들은 자기 일과 타고난 천재성이 어떻게 어긋나는지 몰라서 고생했다. 이 책과 모델은 바로 그 문제를 다루기 위해 고안된 것이다.

○ 번아웃 피하기

자신의 천재성과 맞지 않는 일에 갇혀 있는 많은 사람들이 경험하는 또 다른 문제는 번아웃이다. 근무시간에 좋아하는 일만 할 수 있는 사람은 아무도 없지만(우리 모두 때때로 업무 좌절 영역의 일을 해야 한다), 그 어떤 기쁨이나 에너지도 얻지 못하는 일에 갇힌 사람들이 성공하는 경우는 매우 드물며 당연히 발전하지도 못한다. 그들은 탈진하고 만다.

흥미로운 점은 업무의 양보다 업무의 유형이 번아웃에 훨씬 더 중요하다는 사실이 밝혀졌다는 것이다. 어떤 사람들은 즐거움과 열정을 느끼는 분야에서 일하므로 오랜 기간, 장시간 일할 수 있는 반면에 어떤 사람들은 즐거움과 열정을 앗아가는 일을 하고 있기에 상대적으로 적은 시간을 일하면서도 번아웃을 경험한다. 따라서 번아웃의 첫 징후를 경험한 사람이 단순히 일하는 시간을 줄인다고 증상이 완화되지 않는 것은 논리적으로 당연하다. 그것이 흔히 내리는 처방이지만 말이다. 그들에게 필요한 조치는 충족감 주는 일을 하는 시간을 늘리는 것이다.

일하는 동안 마음의 평화를 잃게 하는 것이 죄책감이든 비판이든 번아웃이든, 업무 천재성 모델이 상황을 개선하는 데 도움을 줄 수 있다는 사실을 알게 돼 기쁘다. 이는 매우 중요하다. 나는 신이 사람들에게 천재성을 줘 선을 행하는 데 쓸 수 있게 한다고 믿는다. 사람들이 이 책에서 얻은 통찰로 진정 그렇게 살 수 있기를 희망한다.

감사의 글

이 책에 도움을 준 많은 분들, 특히 초기 업무 천재성 모델 개발에 참여해준 모든 분들에게 감사드린다.

모델이 만들어질 때 회의실에 함께 있었던 트레이시, 에이미, 킴, 특히 모델을 개발하도록 이끈 질문을 던져준 에이미에게 감사를 전한다.

몇 시간이고 피드백을 주며 편집에 힘쓰고 판별력을 발휘해준 트레이시, 캐런, 코디, 맷도 빼놓을 수 없다. 일일이 열거하고 기억하기 힘들 만큼 많은 아이디어와 제안을 해준 그들의 지성과 열정에 깊은 고마움을 느낀다.

모델을 개발하던 초창기 몇 달 동안 거실에 화이트보드를 둔 채 생활해준 아내 로라와 아들들도 정말 고맙다. 모든 내용에 열렬히 호응해주고 모델을 상호 연결되는 톱니바퀴 모양으로 바꾸라는 아이디어까지 내준 로라에게 감사한 마음이다. 당신과 당신

친구들이랑 함께 모델을 적용해보면서 정말 즐거웠어요.

아무것도 모르고 우리 사무실과 집에 들렀다가 강제로 업무 천재성 평가를 받아야 했던 분들에게도 감사드린다. 그들의 개방성과 열의는 그들이 알고 있는 것 이상으로 중요했다.

업무 천재성 평가, 팟캐스트, 인증 프로그램, 그리고 이 책에 대한 더테이블그룹 직원 모두의 도움과 열의에도 감사드린다. 업무 천재성 모델을 수용하고 고객과 공유해온 전 세계의 컨설턴트들에게도 감사드린다.

이 모델에 대한 여러분의 열정과 에너지는 우리에게 큰 영감을 줬다. 모델을 수용하고 열성적으로 사용한 최초의 단체 어메이징 패리시 팀에도 감사드린다.

맷 홀트와 벤벨라 팀의 이 책에 대한 인내와 유연성, 헌신에도 감사드린다.

그리고 삶의 모든 부분에 관여해주시고, 사람들이 더 나은 세상을 만드는 데 기여하라고 주신 천재성을 이해하도록 돕는 역할을 나와 우리 팀에 허락해주신 하느님께도 깊이 감사드린다.

팀원을 성장시키는 여섯 가지 강점 발굴법

일의 천재들

제1판 1쇄 인쇄 | 2023년 11월 23일
제1판 1쇄 발행 | 2023년 11월 30일

지은이 | 패트릭 렌시오니
옮긴이 | 김미정
펴낸이 | 김수언
펴낸곳 | 한국경제신문 한경BP
책임편집 | 박혜정
교정교열 | 이연우
저작권 | 백상아
홍　보 | 서은실·이여진·박도현
마케팅 | 김규형·정우연
디자인 | 권석중
본문디자인 | 지소영

주　소 | 서울특별시 중구 청파로 463
기획출판팀 | 02-3604-590, 584
영업마케팅팀 | 02-3604-595, 562　FAX | 02-3604-599
H | http://bp.hankyung.com　E | bp@hankyung.com
F | www.facebook.com/hankyungbp
등　록 | 제2-315(1967. 5. 15)

ISBN 978-89-475-4925-7　03320